中國城市研究院（CUI）

CHINA URBAN INSTITUTE

中華國粹國寶發現獎
賀　函

牛崇榮先生：

您編著出版的《雲南旅遊之最》、《雲南的世界之最》，是發現、發掘、研究、評價雲南民族文化、生態文化的系統性、資料性著作，對於研究、評鑒、推薦其中重點例證和項目候選《中華國粹國寶金皮書》，起到重要參考作用。為此，經《中華國粹國寶金皮書》專家委員會研究評定，授予您中華國粹國寶發現獎。

特此祝賀！

中國城市研究院（CUI）專家委員會

2006—3—28 香港

目录

风景名胜之最

地势湖泉之最

云南旅游大有作为

费孝通
一九九五年一月

著名人类学家、中国民盟中央主席、全国人大常委会副委员长：费孝通为《云南旅游之最》题词

牛崇荣 著

云南出版集团公司
云南人民出版社

世界旅游精华

傅铁山

全国人大常委会副委员长：傅铁山
为《云南旅游之最》题词

此书是世界了解
云南旅游的窗口

凡人
二〇〇九年八月

国际华人总会主席：凡人
为《云南旅游之最》题词

自然景观之最

人文景观之最

文化、古迹之最

化石之最

金属文物之最

碑碣文物之最

文化、工艺之最

少数民族风情之最

少数民族之最

少数民族节日之最

少数民族婚恋习俗之最

少数民族奇风异俗之最

动植物之最

动物之最

植物之最

旅游消费之最

风味食品之最

名贵药材之最

工艺美术品之最

旅游交通之最

一本小书，偌大天地

——为《云南旅游之最》序

云南是全国的旅游大省，她以多样性著称。地质地貌的多样性，造就了云南无以伦比的自然风光；气候的多样性，使云南“一山分四季，十里不同天”，夏天可赏雪，隆冬暖风吹；生物的多样性，感受到久远生命进化过程的阐释、众多生物争奇斗艳的演绎；民族文化的多样性，凝聚成厚重、精彩、灿烂的民族文化和民族风情史书。云南旅游正是集合了这些多样性，打造出富有特色、富有吸引力的旅游产业。

因而，云南旅游的多样性，正是海内外游客纷至沓来、乐此不疲的缘由。或欣赏风光、或探秘科考、或感受风情、或休闲度假……多样性的旅游产品，满足了多样性的旅游需求。牛崇荣先生忽发奇想：何不用云南旅游之“最”，推出云南旅游多样性的若干精品？他从1995年开始，开始将这一奇想付诸实践，编著了《云南旅游之最》一书，以“最”字为由头，将云南的山川地貌、风景名胜、文化古迹、民族风情、动物情趣、植物奇闻、旅游交通、旅游消费等等展示出来，既有知识性，又有趣味性；具有实用性，更具收藏性。出版以来，深受国内外旅游者的欢迎，多次用中、英文出版发行，不失为云南旅游的有效之索引、无言之导游，甚至还可称为云南旅游的一张名片。

云南旅游正在实施“二次创业”，推动转型升级，云南正在由一个旅游资源大省向旅游经济强省迈进。云南的旅游产品、旅游业态正在发生着深刻的变化。因而，云南旅游之“最”也是相对的、动态的，牛崇荣先生的《云南旅游之最》一书也在不断充实和完善。作为一个有创意而又务实的作家，他不断地在云南这块高原上探寻、跋涉，在旅游产业进行着不懈的追求、创造，他的建树是多方面的。仅《云南旅游之最》这本小书，就凝聚了他刻苦努力的心血，展示了云南旅游这个偌大的天地。

新版《云南旅游之最》又问世了，我作为旅游业界人士，由衷地感到欣慰。希望各方面的朋友都喜欢这本书。

云南省旅游局党组书记
云南省旅游协会会长　刘建华
中国作家协会会员

2008年9月21日于昆明

再版前言

在旅游事业蓬勃发展的今天，为把云南建成旅游大省、强省，把云南建成世界旅游胜地，云南省各地州县旅游部门兴建了不少旅游项目，并做了一些宣传自己的图片或小册子，有的还写了介绍自己旅游资源的书。这种小范围的各家宣传各家的做法，人力财力投入得很多，但实际效果并不理想。国内外旅游者很遗憾没有一本客观而全面反映云南旅游荟萃的著作。为满足国内外旅游者的需求，我用多年的时间，旅游和考察了云南各地区，各民族的旅游资源，收集了大量的资料，经过筛选和补充，写出了《云南旅游之最》一书。此书自1995年出版以来，深受中外游客欢迎，并且连续八次再版。此书经公众推选和中国专家委员会研究评定，被选入《中华国粹国宝金皮书》，同时授予作者国粹国宝发现奖。此书能连年再版和得奖我很高兴。

为不断提高此书的可读性，我不断在书中增减精品内容。这样做有利于书中内容符合不断变动升级的客观旅游市场。为使此书质量和效果更好，云南人民出版社编辑通知我说：此次再版要搞成彩图，不用黑白图片。要我找图片，同时要我请新的旅游主管领导写新序言。为此我将自己和友人所留的图片提供给了出版社；我请云南省旅游局党组书记、云南省旅游协会会长、中国作家协会会员刘建华同志为此书写序言。我希望此书的再版能更进一步地促进云南旅游走向全国、走向全世界。

在写作此书过程中，张云才、张丽红、宣清华等同志给予了大力支持和帮助；书稿写成后，著名社会学家、中国民盟中央主席、全国人大常委会副委员长费孝通和博铁山副委员长为此书题词祝贺；在出版和再版过程中，国际华人总会主席凡人、云南省旅游局、云南大学、昆明市科学技术协会、陆良县旅游局、澄江动物化石办公室等单位或领导给予了大力支持。在此，特向为出版此书给予支持和帮助的单位和个人表示感谢！

需向读者说明的是，书中标题如未注明“世界”、“中国”字样，均为云南本省各项旅游之最。

《云南旅游之最》涉及地质学、建筑学、旅游学、民族学、民俗学、动物学、植物学、气象学、声像学、考古学、宗教学、社会学等多门学科。写作此书深感学识不足。因此，书中不妥之处在所难免，恳请同仁及读者雅正。

作者：牛崇荣

2008年11月18日

金
楚雄
沧
双版纳

风景名胜之最

海拔最高的地方
——卡瓦格博峰

云南地形一般以元江为界，分东、西两部分，滇西北是青藏高原的南延部分，山高谷深，地势雄伟，一般海拔在2000米～4000米之间，故有滇西纵谷之称。位于迪庆高原德钦县的梅里雪山的主峰卡瓦格博峰海拔6740米，为**全省最高点**。卡瓦格博峰与澜沧江边的西当铁索桥（海拔1980米），从河谷到山顶直线距离大约12公里，高差竟达4760米，气候由亚热带干热河谷到寒冷的冰雪世界。在十余公里的狭小范围内，有着相当于从广东到黑龙江所跨纬度的自然景观，这在全国是罕见的，充分显示了云南地貌**立体地形、立体气候**的显著特征。

卡瓦格博峰

河口县

海拔最低的地方
——河口县

云南地势自西北向东南倾斜，大致呈阶梯形递降的形式，从北到南，平均每公里降低6米，至南部元江、澜沧江等大河谷一带地势最低，一般海拔在500米左右，其中，南溪河与红河汇合之处的河口县，海拔仅76.4米，为全省最低点。也是云贵川三省最低点。

火山最多的地方

——腾冲火山群

云南火山最多的地方是腾冲火山群。分布在腾冲县周围的新生代死火山群是我国现保存最完好的死火山群之一。城北的打鹰山主峰海拔2614米，是一个多次喷发的火山口，与其相连的九耸山南麓，是由两个火山口形成的青海、北海湖泊，北麓有两排十多个呈南北向的新月形火山锥。城西的马鞍山由葫芦形的3个火山口组成。西南还有3个由寄生火山口组成的花边状的陵岗和火山绳。城南左所营因火山喷发的熔岩沿澡塘河奔泻而下，形似一条黑色大蟒，称**“火山蛇”**是难得一见的地质奇观。

腾冲火山群风景名胜区，现被国务院定为**国家级风景区**。

腾冲火山

最长的河流
——金沙江

金沙江古称丽水，为长江上游，发源于青海青藏高原的唐古拉山脉中段，自古以盛产“金沙”得名。上游称**通天河**，从青海玉树县巴塘河口至四川宜宾岷江口叫金沙江，全长2308公里。宜宾以下称**长江**。金沙江经西藏于云南德钦县东北部德拉附近进入云南，在云南省境内全长1560公里，流域面积1091万平方公里，占全省总面积的28.5%。金沙江流至丽江石鼓突然来了一个大拐弯折向北流，然后又转向东流，形成著名的**“长江第一湾”**。江口切穿玉龙雪山和哈巴雪山，切口为坡陡谷深的大峡谷，即闻名的**“虎跳峡”**。

金沙江

怒江峡谷

最长的峡谷

——怒江峡谷

在云南西部的横断山脉纵谷区，有一条著名的大川名叫怒江。怒江在云南省境内全长547公里。它自六库向南流去，地势逐渐缓降，河谷逐渐开阔，而向北溯水300余公里，这一段**山峦重叠、万壑幽深**，山巅海拔高度一般均在3000~5000米。山峰与谷底相对高差有1500米~2000米。深谷中的怒江被一座座石门、石峡、峭壁紧紧锁喉，咆哮的怒江冲破无数险滩陡坎的**“阻挠羁绊”**，沿途注入大江的沟岔，十分短直而呈“非”字形，由此出现无数悬河飞瀑，雷声轰鸣，紫烟四起，堪称**“怒江之水天上来”**，十分雄伟壮观。这便是云南最长的、闻名于世的怒江峡谷。

怒江大峡谷是世界上最长的峡谷之一。在500多公里长的怒江横面上，有着数不清的溜索桥、竹皮桥、木桥、铁索桥、钢板桥、水泥桥等各式各样的桥。是摆在峡谷中的“桥博物馆”。

最大的高原湖泊
——滇池

滇池位于昆明市西南面，是一个美丽的高原湖泊，被人们誉为云南**高原上的一颗明珠**。

滇池是受第三纪喜马拉雅山运动的影响而构成的高原石灰岩断层陷落湖，海拔1886米，湖面南北长39公里，东西宽13.5公里，平均宽度约8公里；湖岸线长约200公里；湖面积318平方公里；湖水最深度8米，平均深度为5米，蓄水量约15.7亿立方米。在云南众多湖泊中，它的面积最大；在全国的内陆湖泊中，它**占第六位**。

滇池是昆明风景名胜的中心。游览内容十分丰富，观光者既可乘船环湖探访石器时代的遗址，追寻**古滇王墓**的遗迹，又可在滇池沿岸游览云南民族村、大观楼公园、西山森林公园、白鱼口公园、郑和公园、盘龙古寺、官渡金刚塔等十几个名胜古迹。目前，滇池沿岸正全面规划，逐步开发。滇池风景区，已被国务院列为**国家级风景名胜区**。未来的滇池，将会更加美丽诱人。

昆明滇池

中国淡水蓄量最多的湖

——抚仙湖

抚仙湖位于云南省澄江县、江川县、华宁县三县相交的地方，距昆明有60公里路程，湖面积为212平方公里，仅次于滇池、洱海，是云南省第三大湖。抚仙湖有如下五个之最。

一、中国蓄淡水最多的湖

抚仙湖虽不是中国最大最深的湖，但它却是云南最深、中国蓄水量最多的湖。**抚仙湖平均深度为95.2米，最深处有158.9米，是中国第二深湖**（第一深湖是长白山天池）。**蓄水量206.2亿立方米**，是滇池、洱海总蓄水量的四倍，**约占云南九大高原湖泊总蓄水量的72.8%，占全国淡水湖泊蓄水量的9.16%**。

云南有金线鱼、弓鱼、大头鱼、抗浪鱼四大优质名鱼，其中大头鱼、抗浪鱼就产于抚仙湖中。

二、中国水质最清的湖

抚仙湖的水清莹莹、亮晶晶，水下能见度为10米，是国家A类优质水，经专家考证，是中国水质最清的湖泊。自昆明滇池水质被污染后，抚仙湖便成为昆明人夏天游泳度假的地方，每到6～8月，每天都有成千上万的昆明人或其它地方的人到此游泳或度假。

三、中国最古老的海底古城

2005年，中国深水探险队对抚仙湖水底进行了考察，**发现水底有座古滇王国的古城**。在古城中发现汉代的陶器文物，说明是汉代古城。这是中国最古老的水下古城。2006年6月，国家探险队首次带水下机器人重探抚仙湖底，探索发现古城遗址中的石头上有太阳形状的图案，现无人能说清此图案的含意。这进一步增加了湖底古滇国的神秘。

四、世界最古老的古生物化石基地

在抚仙湖畔的帽天山上，有一个中国古生物研究所，自1998年以来，**专家在这里发现了5.3亿年前的云南虫、三叶虫等80多种古生物化石**。经研究证明，云南虫化石是世界人类的始祖，是地球上最早的居民，有着极高的科研价值。为此，帽天山成为世界著名的古生物研究基地。2011年，国务院向联合国教科文组织申报帽天山为世界文化遗产。

五、最漂亮的孤岛风光

云南是一个由大山组成的省份，很少有岛，但在抚仙湖中却有一个孤岛。在明代时，湖中有大孤岛和小孤岛两个，两岛间有一座饮虹桥相连，这两个岛是文人雅士读书和娱乐的天堂。可惜在明末时地震使小孤岛和饮虹桥消失，只剩今天的大孤岛。大孤岛比湖面高40多米，岛形似鸡蛋，面积半平方公里，岛上有岩洞、石峰、树林、楼阁、酒店、餐厅，是避暑休闲的好地方。每到夏天，有不少游客到岛上居住休闲。1988年，云南省政府命名孤山风景区为省级名胜风景区。

抚仙湖——孤岛

最怪的呼云唤雨的湖
——石人湖

在云南省丽江老君山最高处的金丝玉峰附近，有一个石人湖，面积约300多亩，**水深20多米，浅处1～3米，海拔4000多米**。湖的四周群山环抱，长满了冷杉林和杜鹃林。这个高山上的小湖，有一个特殊的现象，每年6～9月，人们在这里大声喊叫“来云——来雨”或有其它声音出现时，阳光明亮的湖面几分钟后就会乌云密布和下起雨来，声音叫的越大，下雨越大，有时还会下冰雹，让人们觉得十分神奇。因为石人湖有这种怪现象，当地老百姓把石人湖叫做呼云湖或呼雨湖。每年6～9月，有很多中外游客或气象学家慕名到此旅游考察。

石人湖为什么会有此怪现象呢？**中央电视台“走进科学”栏目组**2010年7月到此考察，考察组到石人湖时，湖面阳光明亮，看此天气，根本不可能下雨。为了证实石人湖有声便下雨的现象，便让藏族向导扎西大声喊叫，几分钟后，阳光明亮的湖面上空马上乌云密布，接着下起小雨来，停止叫声后，一会儿又恢复了阳光景色。接着，考察组又在湖边放起鞭炮来，鞭炮响后几分种，又是乌云密布下起雨来。记者对此怪现象不解，便将拍摄好的“听声就下雨”的石人湖怪现象向丽江气象局和云南大学曹杰教授请教。

石人湖

专家对石人湖怪现象的解释是：石人湖周边的地理环境是西低东高。每年6～9月，印度洋的暖湿气流由石人湖西面向东面爬坡漂过。路经石人湖上面的暖湿雾汽被迫抬升，在抬升过程中冷暖气流相遇，加重了汽流的重量，加大了空气的湿度，使气流与水处于临界状态。此时，当有声音震动的声波出现时，声波会扰乱湖面上空气流，使重湿的云滴相碰凝结成水而下雨，甚至下冰雹。

在云南，这种“有声就下雨”的湖不止石人湖一个，云南禄劝县轿子雪山上的天池也有此现象。

最秀丽的湖泊——宁蒗泸沽湖

泸沽湖位于云南省宁蒗县和四川盐源县的交接处，宁蒗县以北70公里处。湖面积7.77余万亩，在云南境内的4.14余万亩，水面海拔2685米，平均水深40米，最深处达73.2米，居**全省湖泊第二位**，是**我国第三深水湖泊**。泸沽湖内**动植物资源十分丰富**。泸沽湖内动植物十分丰富。这里有独特的水生植物——波叶海菜花；动物有独特的3个裂腹鱼种和稀有的鸟类黑颈鹤、斑头雁等动物。

泸沽湖

泸沽湖的水很美，因这里地处偏辟，自然环境破坏较小，水质纯净，清澈透明，水中可视度为12米，是云南省最纯净的湖泊水之一。环抱泸沽湖的山，有的青青葱葱、森林茂密；有的高崖垂壁，状如雄狮。在绿宝石般的泸沽湖水中，漂着半岛6个，孤岛6个。这些小岛，有的布满绿草青苔和灌木，有的白塔玉立，香烟缭绕，令人赏心悦目，如同进入仙景。在盛夏之际，到这里的**游客成千上万**。泸沽湖已被国务院列为国家级风景名胜区。

最有名的温泉
——安宁温泉

安宁温泉古称碧玉泉，位于昆明西郊34公里的螳螂川畔，与曹溪寺遥望。相传发现于东汉初年（公元56年），明永乐年间开发，当时便著名于世。**明地理学家徐霞客**在其《游记》中谓“余所见温泉滇南最多，此水实为第一池，此处不可不浴”。1962年董必武游此，有**“莫夸六国黄金印，来试三遊碧玉泉”**的诗句。安宁温泉，水源充沛，日流量达6000吨，泉水清澈，温暖宜人，水温42℃～45℃；含重碳酸钙、镁、钠和微量放射性元素，宜浴宜饮；对皮肤病、风湿关节炎和肠道等疾病颇有疗效。远近不少群众还有“三九”天泡温泉澡可防治关节炎的传统习俗。安宁温泉被誉为**“天下第一汤”**当之无愧，是远近闻名的旅游疗养胜地。

天下第一汤——安宁温泉

最可怕的泉水——哑泉

云南有一些特殊的泉水，由于水质含有特殊的**矿物元素**或**化学物质**，因而表现出特殊的水文性质，其中最为特殊的是哑泉。《三国演义》中描述的公元225年诸葛亮士兵误饮泉水而致哑的“哑泉”在云南有四处：一处在嵩明县城东南方向13公里处的四营乡海潮寺旁；一处在沾益县城东北方向五公里处的深沟五尺道东侧；一处在东川铜矿区的“泸江哑泉”；一处在保山瓦窑与永平县交界处（供果桥电站）的媳姑寨澜沧江边。

哑泉

为警示后人不要喝此哑泉水，诸葛亮军中文书曾在石头上刻**“哑泉”、“毒水”**字样置于哑泉旁。

这些哑泉水，**“饮之则哑，浸之则烂”**。有着特殊的科研价值。为何山中清泉会变为哑泉呢？诸葛亮当时考察周围生态环境后说：“此系中了孔雀粪便之毒。”一千多年后的今天，哑泉周边的原始森林不复存在，孔雀已飞迁，现嵩明“哑泉”和媳姑寨的“哑泉”已变为能饮用的清泉；沾益“毒水”已干失。

毒气最大的气泉

——扯雀塘

在腾冲县东北曲石乡小江村江边有一气泉，名为“扯雀塘”。扯雀塘面积80多平方米，从水中或石缝中冒出汽泡，温度约30℃~50℃，常年浸泡过的鹅卵石变成了硫磺色。鸟从泉上方飞过，往往被“扯”下来跌死。科学工作者用5斤重的大公鸡，放在塘口附近试验，**活跳的鸡仅一分钟便奄奄一息**。人在扯雀塘边停留10来分钟，也会感到头昏不适。经采样测定，证明这里放出的气体含有96%的二氧化碳和硫化氢（正常的空气中只含0.2%的二氧化碳），这种气体毒性很强，鸟是被毒气所窒息而摔下来的。这是火山活动后期的一种低温放气现象。

扯雀塘因毒气大，四周寸草不生，人们不敢涉足，成为天然的“禁区”。

扯雀塘流出的硫磺水

103℃的热泉

温度最高的泉水
——103℃的热泉

云南有700多处温泉，遍布124个县市，几乎县县有温泉，处处有泉眼。为此，云南被称为**"泉水之乡"**，总数居全国之冠。在众多温泉中，位于个旧、建水交界的山谷处，有几处的温度都在80℃～90℃之间。腾冲的珍珠泉和红河边上的一眼温泉，其**温度竟达103℃**，算是云南温度最高的泉水。这眼热泉可治疗神经系统、消化系统、呼吸道、心血管、关节、皮肤、妇科等方面的20多种病症，在热泉附近还建有治疗所。

最怪的泉　——红河岸边一清泉

在滇南红河岸边有一清泉，用这股泉水煮饭，不论什么品种的大米，**煮出来的米饭都是粉红松软的**，其化学成分至今还未搞清楚，只好称之为“怪泉”。这个“怪泉”有着特殊的旅游、科研和观赏价值。

中国热泉最集中的地方——腾冲热海

中国的**热泉以云南最多**，云南热泉有700多处，但云南热泉最多最集中的地方当数**腾冲热海**。腾冲热海位于腾冲县城西南约20公里处，北起硫磺塘，南止松木箐，东起忠孝寺，西止芭蕉园，面积约有9平方公里。走进热海中，可以看到80多处热泉沸腾喷涌，一缕缕气烟袅袅升腾，随着呼哧作响的喷发声，大股大股浓烈的硫磺气味扑进鼻腔。整个山谷，气浪熏熏，热气腾腾，水声喧嚣，别是一方天地，这是中国热泉最集中的地方。热海之中，最为壮观的是一个盆形的**沸水池**，直径6.12米多，水深1.5米，水温达97℃，池内泉水不分昼夜地猛烈翻滚沸腾，发出“噗噜、噗噜”的声音，故此，当地人称之为**“大滚锅”**。这是热海中热度最高的沸泉。

在热海峡谷中，十几处热泉、气泉喷涌不止，尤其是**蛤蟆嘴喷泉**，所喷热泉有3米多远，整个地段热水沸沸，水气相挟，无比奇异，是难得一见的旅游景观。它和腾冲火山群一起，被国务院列为国家级风景名胜区。

热海不仅风光迷人，而且是良好的矿泉疗病之所，这里的碳酸泉每千毫升中含钙50毫克，还**含镁、钾、钠氯等多种矿物**，能有效地治疗神经系统、消化系统、呼吸道、心血管、皮肤、妇科等方面的多种疾病。此外，腾冲热海在能源开发方面也有很广阔的前景。

现热海旅游区已建有热海宾馆、热海疗养、药浴谷、温泉游泳池等接待设施，可满足旅游者的各种需求。

腾冲热海

沾益天坑

最大的天坑
——沾益天坑

在沾益县东约40多公里的大坡海峰湿地自然保护区，发现一个**深184米**，面积**0.85公顷**的天坑，这是云南最大的天坑。

天坑四周均是**90度悬崖峭壁**，底部有很多喀斯特地貌深洞，也生长着云南独有、国内外罕见的特殊植物群落——**天坑森林**（也称地下森林）。据统计，坑内有植物36科52属59种，乔木高10米～15米。因天坑内的光照、湿度、风速等与地面不同，坑内植物的叶片薄而大、色浓、叶绿素含量高、叶脉较稀疏。

天坑的发现，不仅成了人们旅游的一个亮点，同时也成为了地质学家、生态学家、植物学家、气象学家、水文学家考察研究的地下基地。

在天坑以西约7公里处，有一片约400公顷的湿地，常年是沼泽地水面，特别是每年七八月份，水位上升至2米～3米深时，一片海阔天空中耸立出一座座桂林似的山峰，犹如**“水上桂林”**，美不胜收。

世界生双胞胎最多的地方

——墨江

中国有13亿人口，约占世界总人口的1/4，是世界人口最多的国家。为控制人口的增长，中国政府制定了“计划生育政策”——即每对夫妇只允许生一胎，超生者将受到开除公职或经济处罚。生一胎几乎等于只生一个，但少数人一胎会生两个或三个。一胎生两个或三个不违反政策。在世界各地，生双胞胎的机率只有1/1000，但**墨江县生双胞胎的机率却高达5.6/1000**，是世界生双胞胎机率最高的地方，也是世界双胞胎的故乡。

为什么墨江县生双胞胎的机率会如此高呢？这可能与墨江县的地理位置有关，墨江县处在地球的北回归线上，在北回归线穿过的房间男女同房或喝北回归线上的井水，最容易生双胞胎。是地理磁场的原因呢？还是喝了特殊井水的原因呢？谁也说不清楚，这有待科学家来考证。但是生活在北回线上的墨江人，在墨江修公路或打工而临时居墨江的外地人以及想生双胞胎而特意到墨江新婚旅游的人，生双胞胎的比例很高，这是铁的事实。

墨江双胞胎节

墨江北回归线上的双胞胎石床

为便于世界双胞胎交友集会，也便于让世界了解墨江，让墨江走向世界，墨江县政府自2004年5月1日起，**每年5月1～3日均举办世界双胞胎节**。届时，墨江哈尼族人民载歌载舞欢迎你，请你品尝长街宴，请你参加弹牛脚琴、吹芦笙、对山歌、荡秋千、踩高跷。请你参加秘境婚礼，这样的活动要举行三天三夜。在这个喜庆的节日里，世界各国1000多对双胞胎在此交友集会，展现各种才艺；参加神秘婚礼的游客，在此回线上的婚礼殿堂上，许下心愿，挂上同心锁、喝下双子井水、住北回归线上的紫金宾馆、体验双胞胎石床……

这是一次浪漫的神秘之旅，也是一次终生难忘的婚礼。

世界上最真实的香格里拉所在地
——云南迪庆州香格里拉县

1933年，英国小说作家**詹姆斯·希尔顿**写了一本《消失的地平线》，书中描述了一个神奇美丽的世外桃园，桃园中风景如画，寺庙宏伟，居民漂亮、年轻、长寿，不同信仰的人们团结友爱，如同兄弟，大家过着幸福、甜蜜、安康富裕的生活，人与自然和谐宁静，因而引起了大批读者对**世外桃园**——香格里拉的无限向往。

印度、尼泊尔、不丹等国家出于发展本国旅游业的需要，均声称香格里拉在本国境内，从而吸引了大批旅游者前往。但是，经过无数**探险家**半个多世纪考察研究，他们发现并证实了真正的香格里拉并不在上述国家境内，而在**中国云南省迪庆藏族自治州**，以中甸为中心的广大地区。现在，迪庆州的中甸县经国务院批准，已正式更名为香格里拉县。

说香格里拉在云南迪庆有如下依据：①意为“心中日月”的香格里拉是中甸藏语的方言，其他地区和民族没有这种方言。②书中描写的金字塔外形就是迪庆**梅里雪山**的卡瓦格博峰。③书中描写的香格里拉“喇嘛寺”原形就是中甸的**松赞林寺**。④书中描写的长约80公里，宽约30公里~40公里，高差达3000米以上的香格里拉峡谷就正是中甸的**碧让峡谷**。⑤书中描写的多民族和谐相处正是迪庆藏、汉、白、回、苗、傈僳、纳西等10多个民族千百年来团结相处的写照……

总之，书中所写的民风民俗、动物、植物、金矿、山景、雪景、峡景以及气候等环境，均可在迪庆找到原型。对此，1997年9月14日，云南省副省长戴光禄、迪庆州州长康中明在迪庆40周年州庆时，在新闻发布会上宣布：“香格里拉在中国云南迪庆。”这一消息传出，马上吸引了大批国内外旅游者前往迪庆旅游考察。经过旅游考察，旅游者找到了最真实的香格里拉。

昆明石林

世界著名的石林景观
——昆明石林

昆明石林距昆明中心86公里，是1984年国务院批准的首批**国家级重点风景名胜区**。石林风景区由“**二林、二洞、二湖、一瀑**”7个自然景区组成，即大小石林、乃古石林、芝云洞、奇风洞、长湖、月湖、大叠水瀑布。游石林，人们首先看到的是石林湖。湖水中一尊巨大的石峰突出水面，犹如亭亭玉立的少女。在石门右侧石峰上用隶书体镌刻的“石林”两个大字与拔地而起的**石柱、石峰相辉映，引人入胜**。

石林在地质学上称为岩溶地貌，又称喀斯特地貌。据科学鉴定，这里是距今**2.7**亿年前大海海底石灰石沉淀区，由于地壳的运动，海底上升露出海面，经海水、雨水的溶融、冲刷和风化，约在200万年即已形成千百万座拔地而立的石峰，与众多的石柱、石笋、石芽连为石林。石林分布面积达**三万公顷**（40余万亩），向游人开放面积80公顷（约1200亩）。相列成片的有**乃古石林、大小石林、豆黑村、阿玉林、尾博邑**等10多片。

昆明石林以其“**幽、奇**”在世界自然景观中堪称一绝，被誉为“**天下第一奇观**”，是世界上最壮观的石林景区之一。国内外旅游者有“不到石林，等于未到过云南”的说法。2007年5月，国家旅游局评定石林为5A级旅游风景区。

2007年6月27日，世界教科文组织在新西兰对石林颁发了“**世界自然遗产证书**”。从此，石林有了世界最顶级的自然旅游景观品牌。

蘑菇石

大石林景区

元谋土林

最有名的土林——元谋土林

云南土林分布较广，其中又以元谋县土林为最佳。元谋土林距昆明201公里，主要分班果、新华、虎跳滩三个景区，总面积约50平方公里。在土林风景区，**土柱如林**，数不胜数，最高的土柱高达40多米，相当于10多层楼房那么高。进入土柱区就像进入土柱林，故称土林。土柱造型**千姿百态**，有的像利刃，直指蓝天；有的像大理三塔和敦煌石窟，巍峨矗立；有的像婷婷少女，凝视远方；有的柱柱相连，结构**神奇奥妙**，好像古城迷宫；有的土柱黄、白、紫分明，裸露身躯，好像金塔玉剑；有的柱顶杂草丛生，好像画天巨笔……真可谓天下一大奇观。

土柱的形成是长期水土流失所致：即地壳在几十万年的运动中，地表裂隙经雨水冲刷、风化搬运而使裂隙加深加宽，形成土柱。土柱表层物质被外力剥蚀，搬运带走，沉积层中的钙质、铁质胶结构裸露出来，形成天然顶盖，保住顶表层不被浸蚀，而下部则经风雨越冲越深，故形成高柱林立。

1985年以来，元谋土林因它的新奇神秘而成为云南旅游新的名胜。

最奇特的沙林
——陆良彩色沙林

彩色沙林位于陆良县城东南方18公里处，占地面积约6平方公里。这里的沙有两个特点：第一是有一定的造型，**沙柱、沙峰、沙壁、沙沟**奇峰异秀、造型各异，高者可达30多米，给人以形态奇特的美感，特别是住在人工雕造的约6平方米的圆形沙屋旅馆中，人们会得到一种回归大自然的感受；第二是颜色五彩缤纷，不同造型的沙峰、沙柱、沙屋均以**黄、白、红、灰**为主色调，间夹**黑、蓝、青、绿**等色。在早、中、晚和雨、晴天不同时间、不同光线的照射下，沙的颜色更是变幻无穷，较为罕见，故人们称彩色沙林为天下一绝。

沙林是地层经过几亿年的沉降和抬升运动所致，其成因要求有适度的降水条件、季节性的干燥气候、特有的矿物成分等等。近年，当地政府每年举办**沙雕节**，更是吸引了大量游客前来观光。

现在每年都要在彩色沙林举办**国际沙雕**，精彩的沙雕作品吸引了大量的中外旅客。

陆良彩色沙林

風景名胜之最

地势湖泉之最
【自然景观之最】
人文景观之最

罗平小三峡

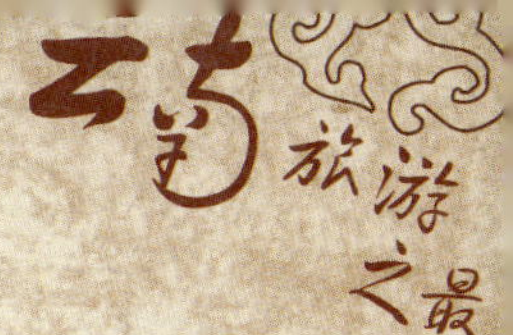

最秀丽的山水景观

——罗平小三峡

小三峡位于罗平县城东南40余公里处，由鲁布革峡湖、鲁布革电站、多依河3个景区组成。该景区云南省政府1993年9月批准为省级风景名胜区。1995年8月申报国家级重点风景名胜区。

鲁布革峡湖长19.8公里，景区内**雄狮峡、滴灵峡、双象峡**等山峡有云南小三峡之美称。乘舟漫游其间，山峡景观使人陶醉，近20公里长的峡湖，水质纯洁晶莹，河流两岸**雄、险、奇、秀**的景观绘织成一幅美丽的山水画：雄的地方，众山环抱，气势非凡；险的地方，峭壁千仞，异景纷呈；奇的地方，飞龙瀑从天而降，似天龙吐瀑；秀的地方，绿水碧波，青山重重。

1978年修建的鲁布革电站，是一个装机容量60万千瓦，年发电量30亿千瓦时的水电站。该电站引进美、日、挪威等8个国家先进技术设备建成，管理技术现代化，既是现代工业管理考察的理想场所，又是非常壮观的旅游风景名胜区。

罗平的多依河发源于腊者村，全长12公里，沿河**碧水如罗带，奇树胜珊瑚，花潭叠水美不胜收**。两岸竹林丛草中有古朴的布依山寨，古老的水车吱嘎作歌，知了声声，情景交融。这里每年的二月二对歌节、三月三泼水节、三月中有**油菜花节**、划竹筏等民族祭祀活动，吸引着成千上万的游客至此参加游览活动。

最壮丽的奇观——三江并流

滇池秀美，为人钟爱；而三江并流险奇，却鲜为人知。金沙江（即长江上游），澜沧江（境外称湄公河）、怒江（境外称萨尔温江）从青藏高原奔涌而出，进入滇西北，在横断山脉的钳制下，大致平行长驱南下，形成了奇特的“三江并流”的壮丽景观。

这里水奇。“三江”由东至西江面海拔逐次降低，在北纬27度附近，金沙江为**2100**米，澜沧江为**1900**米，怒江为**1600**米。谷底三江滔滔，奔涌不息；山顶坝区又镶嵌着许多秀丽的高原湖泊。其间还有不少温泉群。

这里山雄。崇山峻岭逶迤磅礴，雪峰层出，银光四射。梅里雪山主峰卡瓦格博峰高**6740**米，白茫雪山主峰高**5429**米，哈巴雪山高**5396**米。玉龙雪山高**5596**米，被当地人称之为“**宝鼎**”。这里山峰高大陡峭，形成鲜明的立体气候和植被，谷底炎热，果木葱郁；山坡温凉，花俏草碧；山顶严寒，冰天雪地。

三江并流

这里谷险。三江并流地段，多系水流湍急的大峡谷。有的地方两岸山崖壁立，怪石峥嵘，看天一缝；有的断崖突现，瀑跌高坎，水花飞溅，风驰电掣般夺路而去；有的礁石密布，险滩相连，石怪水怒，险象环生。由于水流年复一年的切割，峡谷越来越深。**虎跳峡**，现已成为世界上**最深的峡谷**。

这里风情美。在这块土地上生活着傈僳族、怒族、独龙族、纳西族、普米族等十多个民族，各民族都有自己独特古老的文化、风俗、节日，以及绚丽多彩的服饰、饮食、建筑，蕴藏着丰富的民族文化旅游资源。

三江并流风景区，已被国务院公布为国家级风景名胜区，并且世界教科文组织已评定三江并流风景区为**世界自然遗产**。

瀑布最多的地方
——大关

位于云、贵、川三省交界的滇东北乌蒙山区的大关县，距昆明、成都、重庆、贵阳几乎是等距离：500公里～600公里。

这里**峰峦叠嶂、江河纵横**，在100多平方公里的范围内，分布着约200个大大小小的瀑布，可称中国瀑布之乡。

情郎瀑总落差142米，分三级跌落，气势雄伟，少女瀑落差20余米，瀑水如青丝从天而落，清新秀丽；对歌瀑分**五级跌落**，总落差40米，瀑布两侧树郁竹翠，每逢农历五月初五，当地苗族青年欢聚瀑边，对唱山歌；水帘长廊是溢宽近60米的瀑水沿崖顶漫流而下成幅巨大的水帘，帘下有一自然形成的长廊，游人可于其中品**茶观瀑；团圆瀑、珠帘瀑、鸳鸯瀑**……形态万千，美不胜收。

这里还有**雄关古道、溶洞奇观、古战场、古化石、古墓群、竹海云峰**，是新开发的旅游胜地。

大关瀑布

中国最集中的瀑布群
——九龙河瀑布群

九龙河瀑布群位于云南省罗平县城东北20公里处。一条长4公里的河床布满了层层叠叠的瀑布群，沿河床而下，花滩，叠水、瀑布密布，站在观景台望去，**一目能见十瀑**之奇景。这是中国最集中的瀑布群景观。最大一台瀑布高56米，宽112米，云南省最宽、最大的瀑布之一；次台瀑布高43米，宽35米；其他各台高20米、10米、5米不等。各台之间均有一潭相隔，是理想的观光、戏水、娱乐胜地。

九龙河瀑布

九龙河不仅有壮观的瀑布，而且**锥形山、乳峰山**（喀斯特地貌）也很美。

1993年9月，云南省政府将九龙河瀑布群区列为省级风景区，1995年8月申报为国家级重点风景名胜区。

另外，在罗平县城以北60公里的戈维村附近，有一处集石林、森林、温泉、溶洞群为一体的旅游风景区，人们将这一新发现的景区称为“龙马景区”。这里**石峰成林，溶洞成群，热泉腾腾，森林密密，花香鸟鸣，清泉溪流，河水如镜，**是旅游者观光疗养的好处所。

罗平县是云南省的旅游大县，在一个县区内，有着与长江三峡、桂林山水、黄果树瀑布、九寨沟风光、黄山云海、云南山海、罗平花海、路南石林、版纳森林，腾冲热泉，九乡溶洞景观类似的87个自然风景点，41个人文景点，这在中国旅游县中也是极少有的。

最神奇的景观
——白水台

白水台在香格里拉三坝白地峡谷西端的雪山脚下，距香格里拉城103公里。这里的景观很奇异，在数里外看，似一片**雪白**的**大瀑布**从天而降；走近看，大瀑布则变成凝固的**乳白色崖浆**，走到跟前看，则又变成“玉泉银台”，这就是著名的“仙人遗田”白水台。它是中国最大的华泉台地，占地面积约为3平方公里。

白水台是由碳酸氢钙溶于水而造成的自然奇观。含有碳酸氢钙的泉水不断慢慢地流，碳酸盐不停地沉淀，凝聚，自上而下，经年累月，就形成**无数**块**层层叠叠**蓄满水的

白水台

“梯田”，这梯田玉埂银丘，与山下梯田仙凡相对，竟无二致。

登临台顶，是周长约一华里的平地，它的中央有一个由十多个泉池串联成的“**天池**”。沿平台往前，便到源头，在一株茂盛油绿的树下，泉水喷涌而出，积为小潭，天光云影，山花丛林，互相映衬，泉水从水潭流向“天池”，再由台顶越过银埂玉丘，沿坡缓缓流下，清泉与白底融为一色，似流银泻乳；再凑近仔细观察，泉中夹带着无数晶莹细小的白沙，在阳光下闪闪发亮。

从白水台顶往下看，竟似**千百台**叠起的琼台玉阶，又像千百道云波雪浪，自上而下，一台台、一层层，堆云凝雪，纯白如脂，莹润如玉，纤尘不染。台面上，有的如银环滚动，环环相扣；有的如大小**梯田**，叠层而起；有的如鱼鳞细波，曲折有致。从台顶看到台下，似巨型**银色玉屏**，它的光芒四射，耀眼夺目。

据传说，纳西族东巴始祖“东巴什罗”就在白水台东边的山洞里修行授徒，并用象形文字书写了纳西族文化的稀世珍品——《东巴经》，因此，白水台又被奉为**东巴圣地**。

每年农历二月初八，白水台一带的纳西族同当地藏、彝、白、傈僳等各族人民一道，来白水台观赏这壮丽的风光，并载歌载舞，欢庆丰收。

1992年联合国教科文组织认定白水台为世界自然风景名胜。

最美丽的雪山

——丽江玉龙雪山

位于丽江地区的玉龙雪山，是一座**高耸入云、气势磅礴、终年积雪、冰雪如塑、洁白如玉、壮丽无比**的雪山。山由13座雪峰组成，如同13把银色宝剑直刺蓝天，其主峰扇子陡海拔在**5596**米以上。雪山南北长**35**公里，东西宽约**12**公里。在碧蓝天幕的映衬下，像一条**银色的玉龙**在永恒地飞舞，故名玉龙山。

玉龙山的美不仅在于巍峨雄伟，气势磅礴，而且随四时的更替、阴晴的变化而显示出千种风情、万般姿态。

玉龙雪山为现代**海洋性冰川**，它终年披云戴雪，气势磅礴，洋溢着一种雄伟奇丽的美，被誉为我国“**冰川博物馆**”。为让旅游者近览玉龙雪山的风姿玉体，从山脚往上架起了至云杉坪的缆车。

来到云杉坪顶，好似进入了**仙宫**，往上看，白云层层、弥漫包裹，如轻纱缥缈，如波涛起伏，把原始森林遮蔽得若隐若现。往下看，脚下潺潺白水河，银光闪亮，白雪缥缈，托起树林山峦，犹如**航行于海上**。环视四周，云杉坪宛如一个巨大的碧玉盘子，托着圣洁的玉龙雪山，展现在游人面前，让你仔细观摩审视那冰肌玉骨，尽享其美妙绝伦。

为让游客进一步探索和欣赏玉龙雪山的情趣，1996年，丽江

丽江玉龙雪山

旅游部门已在云杉坪的上方开发“**滑雪基地**”，这将是东南亚最大的滑雪娱乐场。

2007年5月，玉龙雪山风景区被国家旅游局定为5A级旅游风景区。世界教科文组织已将玉龙雪山风景区列为世界风景名胜。

最好玩的雪山

——轿子雪山

轿子雪山是乌蒙山余脉拱王山山系，因其山形似花轿而得名。轿子雪山位于云南禄劝县城东北150公里。**从昆明经嵩明县阿子营、寻甸县柯渡镇、禄劝县转龙镇上轿子雪山有167公里，**这是从昆明上轿子雪山最近的一条路。轿子雪山是座低纬度（东经102°48′～102°57′，北纬26°1′～26°8′），高海拔（4223米）的滇中第一山。轿子雪山能落雪和积雪，从气候学角度看，是大气运动的结果，从地理学角度看，是高海拔的产物。

轿子雪山有四大旅游景观：

一是雪景，轿子雪山年平均气温是2~6℃，但在12月至次年2月间平均温度在0℃以下。如果这期间昆明下雨，轿子雪山往往在下雪，并且下得大而厚，一般厚度为40公分左右，雪深处有一米多。此时的轿子雪山上，**到处都是雪景**：冷杉、杜鹃等树上披上了洁白的雪衣；天池、木梆海等水面上结成了坚实的厚冰，冰上盖满了厚厚的白雪，成了**天然滑雪场**；蓝天下的雪峰、

轿子雪山

雪岩、雪湖、雪树、雪屋、雪地形成了雪的世界。这里的南国之雪，比起频繁、长久、厚实的北国之雪来，显得圣洁、神奇、秀美、多姿。走进80多平方公里的轿子雪山景区，游客根据自己玩雪的喜好，摄雪景、穿雪林、爬雪峰、滚雪坡、滑雪撬、做雪人、说雪话、乐雪事，其乐融融，雪情相融、流连忘返。

轿子雪山冰瀑

二是冰瀑景。到了3～4月份，温度渐升，白天雪化变水，往树下滴，往崖下滴，往崖壁下滴，往沟溪中流。到了夜间，温度降到0℃以下，滴流的雪水慢慢凝固在悬岩、崖壁下坠的冰牙、冰柱上，使冰牙、冰柱越来越长，越来越粗，长者百余米，粗者五六米。向悬崖下垂例的冰牙、冰柱也越来越多，越来越宽，较宽的地方竟有一两百米，较长的地方也有100多米。这些形状各异、晶莹剔透的冰牙、冰柱、扁冰柱、冰框，因远看似瀑布，故称冰瀑。这种冰瀑晶莹透亮、圣洁似玉。是难得一见的神奇景观。**这种景观的秀美甲于贵州黄果树瀑布，这种景观的气势胜于黄河壶口瀑布**。

三是奇峰秀水景。经过冰雪的洗礼，轿子雪山的天更蓝，树更绿，湖更秀美，水更清澈，轿子山顶峰更雄伟。**登**

轿子雪山的终极目标是登上海拔4223米的冲顶峰。登上冲顶峰往下看，你头顶青天，融入蓝天中，云雾飘来时，上下舞动双手，好似腾云驾雾；往四周看，空阔无际，万里晴空，尽收眼底；往下看，万丈深渊下苍山如海，群峰如丸，金色粮田，灰色家园，勾画出一幅人间天堂。此时此景，感觉你是天上的神仙，心旷神怡；此时此感，认为你是现实中的英雄，能顶天立地，一股豪迈之气，顿由脚底涌上发尖。

人生难遇此景，心绪难遇此情，此生当游轿子雪山。

四是杜鹃花景。每年4～7月，在轿子雪山景区内，满山遍野的杜鹃花。开花的杜鹃有似血杜鹃（国家级保护植物）、大王杜鹃（国家级保护植物）、乌蒙宽叶杜鹃、毛杜鹃、山地杜鹃、高山杜鹃、红杜鹃、红毛杜鹃、优美杜鹃等30多种、花色有大白花、小白花，大红花、小红花、大黄花、紫红花、乔面花、米面花粉团花等**数不清的颜色**。这一片片各色各样的花，似花的海洋。进入此景，你会有**“人在花中行，花在身边笑”**的情境。特别是那灿烂如潮的红杜鹃，红得让人心花怒放，红得让人热血沸腾，红得让人风情万种，红得让人心醉，让人醉恋忘返。

雪景、冰瀑布、奇峰秀水景、杜鹃花景是轿子雪山的四绝。除此四绝外，轿子雪山还有云雾景、云海景、云海佛光景、傲骨林景、湖景、草甸景、森林景、一线天景、月亮岩景、日落景等。这些不同特色的景观，增加了轿子雪山的旅游价值链，它是云南最好玩的雪山。

轿子雪山是云南省省级风景名胜区，为方便更多的人游览轿子雪山，云南省旅游开发公司兴建和完善了轿子雪山的公路、索道、景道、酒店、餐厅、停车场等设施。随着设施不断完善和管理水平的不断提高。我相信会有越来越多的昆明人、省外人、外国人游览轿子雪山，轿子雪山的级别也会不断提高。

世界最窄的峡谷
——虎跳峡

云南丽江玉龙雪山与哈巴雪山之间的金沙江虎跳峡，从江底到山顶的高差达**3900**多米，是世界上最深最窄的峡谷。虎跳峡长约20公里，平均水深40多米，平均流量**7800**m³/秒，水位落差213米。分**上虎跳、中虎跳、下虎跳**三段，共18处险滩。江面最窄处仅20余米，是**世界上最狭窄的峡谷**。

虎跳峡的景观由山与水的搏斗组合而成，它以峡高**谷深**、景观**惊险**而闻名天下。最为**惊险**的是中虎跳。这里江左岸绝壁上有一条人工凿成的巷道，离江面30多米，走在这巷道上，确实就像蹲伏在虎口之中：抬头看天，头顶绝壁，万仞绝壁之上，两座山似乎正欲拥抱，犬牙交错地露出一线天；低头看，江水如龙，脚临激流，虎跳石犹如猛虎的门牙在滚滚波涛中兀然突立，江中怪礁林立，险滩密布，山和水的剧烈搏斗就在这里展开：一组组波涛以千钧之力砸在虎跳石上，狂涛汹涌、声震山谷，这里的泉声、风声，山景、石景、树景、水景、雾景、光景、构成**世上罕见的险山急水奇观，令人胆战心惊**。

虎跳峡景区，已被国务院列为国家级风景名胜区，并且，此景区被世界教科文组织派考察组考察后，现和三江并流景区一起，已正式向联合国申报**世界自然风景遗产**。

虎跳峡

最壮丽的长江景观
——长江第一湾

长江第一湾位于中甸县南面130公里处。

万里长江从"**世界屋脊**"青藏高原奔腾而下，由德钦进入云南，与澜沧江、怒江一起在横断山脉的高山深谷中穿行。到了中甸县的沙松碧村，突然来了一个一百多度的急转湾，掉头折向东北，形成罕见的"**V**"字形大弯，"**江流到此成逆转，奔入中原壮大观**"人们称这天下奇观为"长江第一湾"。

据地质资料表明，早在第四纪阿尔卑斯运动前，长江水是沿着横断山脉向南奔流的。后因第四纪阿尔卑斯——喜马拉雅新构造运动，使石鼓镇南部抬升为高山，迫使江流改道，因而形成了江流急转弯大观。

长江流至沙松碧一带，水势宽衍，江水清幽，两岸青柳成行，丝丝缕缕随风轻展。春天，沙松碧万顷平畴之上，油菜花开，金黄耀眼，映得半江碧黄，**十里之外，即闻花香**。渔舟往来青江之上，**金珠飞溅，景色奇美**。如此景色，是长江在云南最壮丽的地方。

长江第一湾

中国最有特色的溶洞
——燕子洞

燕子洞位于云南省建水县城东30公里处，距昆明市220公里，燕子洞和中国的其他溶洞相比，具有**五大特点**：

一是燕子多。燕子洞本是一个溶洞，只因每年2至8月，来自东南亚的数十万只“大白腰雨燕”聚集在这个洞里筑巢、生儿育女，晨出晚归，每天数十万只燕子唧唧喳喳、穿梭不停地飞出飞入，形成铺天盖地的“天下第一奇观”，燕子洞也借景得名。

二是水旱洞相同，规模雄伟。旱洞形似巨大的天生桥，两面透光，四壁石笋丛生。倒悬石柱林立。旱洞以天然殿堂、石刻、绝壁长廊等景观著称。水洞全长5公里，游览面积五万多平方米。鬼斧神工的岩溶景观，是燕子洞景区的精华所在。燕子洞高40～50米，宽30～50米，最大的洞厅达二万余平方米，如此巨大的地下空间，实为举世罕见的景观，为此，外国洞穴专家誉之为亚洲最大最壮观的溶洞之一。

三是开发时间早。燕子洞开发于明末清初，至今已有三四百年了，是云南最早开发的溶洞，也是中国较早开发的溶洞之一。燕子洞自明清开发为游览胜地以来，一直是“儒佛道”三教合一的烟火胜地，被赞誉为“西南第一洞天”。

四是有惊险奇绝的表演。燕子洞天天都有绝技表演，每年3月21日有迎春钟乳悬匾表演，每年8月8日至10日有精彩的采燕窝表演，平时每天10时至16时有攀崖表演，表演者是身怀攀崖绝技的有非凡胆量的攀崖高手，他们赤足徒手攀爬钟乳石。在相互交错的钟乳石间，他们一会儿似壁虎紧贴壁挪动；一会儿似轻猿一手悬吊钟乳石尖，一手采摘燕窝；一会儿似飞人从一根石柱飞向另一根石柱……从而，填补了吉尼斯世界纪录的攀钟乳石空白。

五是服务项目配套。游燕子洞，有专职导游人员带队讲解，便于游客对景观的了解、游览途中，有休息厅、小卖部、照相服务部、小吃餐厅、民族歌舞表演等服务内容。特别是到了洞底的梦幻世界景区，游客可坐在餐桌上一边品尝燕窝粥、燕窝酥等名特小吃，一边观看民族歌舞。吃饱看完，又可乘龙头船游洞中河至洞口。

燕子洞已被国务院列为国家级风景名胜区。

建水燕子洞

最多祥性的溶洞
——阿庐古洞

阿庐古洞位于泸西县西北2.5公里。阿庐古洞由阿庐江环绕，地形起伏变化大，分为**溶丘、峰林、峰丛、漏斗、落水洞**等景观，有前后古洞、玉峡洞、豹子洞、花子洞、观音洞、明鱼洞、冒烟洞、慈悲洞、珍珠泉等。阿庐古洞的特色是洞中有天，洞中有洞，洞中有河，河中有鱼，洞穴造型奇绝，千姿百态，**景观变幻无穷暗河中清澈透亮**，水上水下石乳满布，河中还有稀有鱼种——**透明鱼**。真可谓云南第一洞。每天到这里游览的中外游客成百上千，是云南省游览客人最多的溶洞。

规模最大的溶洞

——九乡溶洞

九乡溶洞位于宜良县城西北九乡彝族、回族乡境内，距昆明60多公里，风景区面积达200多平方公里。

九乡有溶洞之乡之称，拥有云南省规模最大、数量最多、类型最全的洞穴群落体系，现已发现的溶洞有90多个，还有一些新的溶洞被陆续开发出来。

九乡溶洞的特点是**雄、险、奇、秀**。1989年9月开放以来。吸引了大量的中外游客。

九乡溶洞已被国务院列为国家级风景名胜区。

九乡溶洞里的天田

风景名胜之最

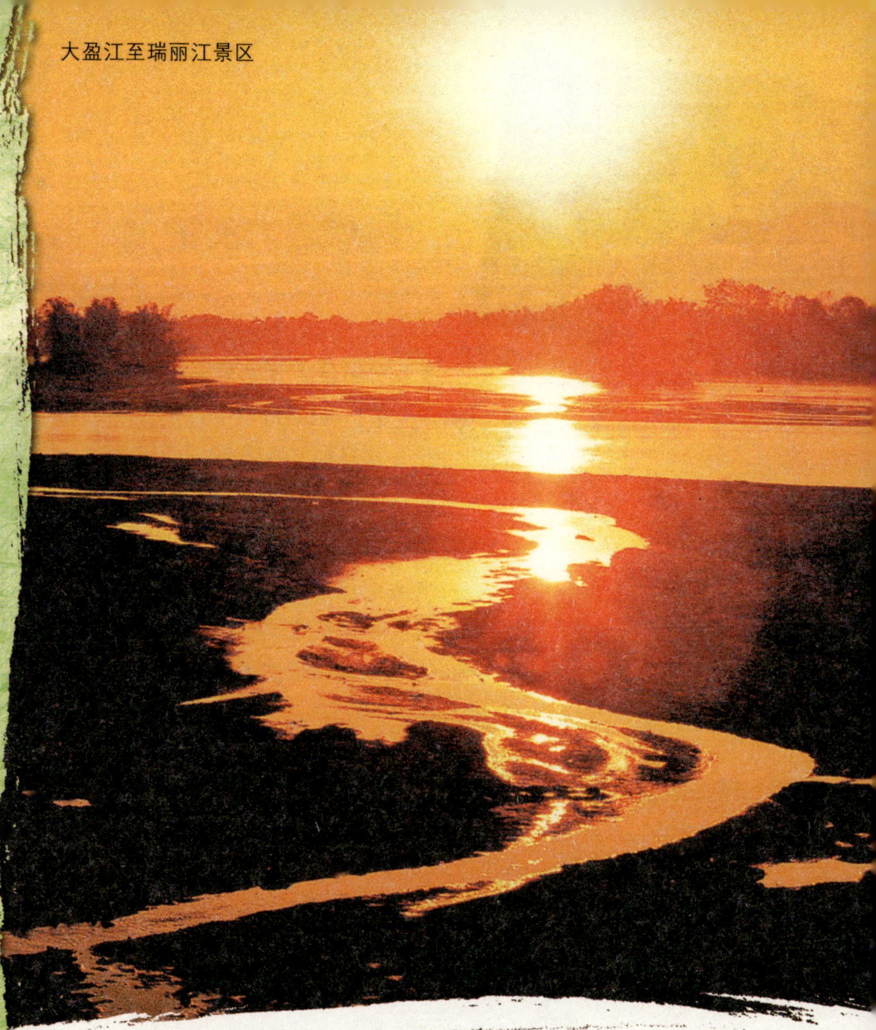

地势湖泉之最
「自然景观之最」
人文景观之最

最有亚热带特色的旅游点

——大盈江至瑞丽江景区

大盈江、瑞丽江位于德宏州盈江县、瑞丽县境内。距昆明约800公里，海拔约900多米。这一地区，是**云南最具亚热带特色的游览点**，其游览特色如下：

一、山绿。这里到处是青山绿水，山间生长着橡木、铁木、香茅草、凤尾竹、油棕树、芭蕉叶、野参、血葛、四季鲜花、南亚热水果等各种亚热带植物。森林中有野象、云豹、灰叶猴、棕熊等珍禽动物。在海拔3300多米的盈江芦山上，**终年云遮雾绕、白雪皑皑、气势十分壮观**。芦山上有丰富的动植物资源，在海拔2000米以上的地方，是人迹罕至的原始森林。

二、树奇。这里有中国最大的榕树王，它不仅根粗冠大，而且树上的气根垂入土后又长成新的几十根或上百根树干，形成独树成林的奇观。另外还有中外闻名的树包塔景观。这里还有傣族民主革命先驱刀安仁1904年从马来西亚引进种植的我国最早的、树龄最大的一棵橡胶树，称为**中国第一株橡胶母树**，被国家列为重点保护树种。在芒市宾馆前楼，还有两棵枝繁叶茂、苍劲挺拔的缅桂花树，这是1956年12月16日周恩来总理与缅甸总理吴巴瑞亲手所栽的中缅友谊树。其北侧一棵为周恩来总理亲手所栽，南侧一棵为吴巴瑞总理亲手所栽。

三、水美。瑞丽江清澈碧绿，两岸翠竹中星落着一寨寨傣家干栏式建筑，汇成了风光绮丽、风情迷人的图画。

四、自然景观多。①险峡风光。盈江虎跳石，风光奇丽、险峻而雄伟，峡谷两岸的神秘奇险，对探险者、观光者都有很大的吸引力。②溶洞景观。以三仙洞为代表的溶洞，景观价值较高，环境质量优越，为旅游者增添了一项新的内容。③温泉景观。德宏温泉遍布，贺宛温泉、芒克热泉、瑞丽孔雀泉等泉水，是旅游者游览、沐浴、疗养的胜地。

五、人文景观多。保存了铜壁、巨石、万仞、神护、傣族壁画、广母贺印（又名广母姐勒）等人文景观。特别是盈江芒勐丁允燕塔，是闻名国内外的人文景观，也是省级重点文物保护古迹。

六、浓郁的民族风情。德宏居住着傣族、景颇族、傈僳族、德昂族、阿昌族等少数民族，他们的泼水节、木脑纵歌节、刀杆节、阔食节等少数民族节日，具有浓郁的民族风情。

七、古道南方丝绸之路。古代中国与印度的交通有三条：南海道、西域道、蜀身毒道。其中蜀身毒道就经德宏一些地方出缅甸。蜀身毒道是我国与印度交通往返最早的道路。这条古道，吸引着无数的寻古者、探险者、猎奇者。

1994年1月10日，国务院已将这一地区列为国家级旅游风景名胜区。

風景名胜之最

地势湖泉之最

【自然景观之最】

人文景观之最

元阳梯田

最有名的梯田景观——元阳梯田

元阳县有近万个山头，其海拔最高处为2150米，最低河谷处为144米。如此巨大的差异，形成了相应的立体气候。其特点是雨量充沛，地湿多为雾，一年有180天的时间云雾填平了河谷，形成了集**青山、梯田、云海**为一体的景色。飘浮在云海中的千百万个参差错落的山头上，居住着彝族、哈尼族、苗族、瑶族等少数民族。这些少数民族，自古就有良好的生态意识，他们认为森林是高山水源的生命，水是梯田的生命，梯田是他们的生命。因为有这样的认识，所以他们十分注重保护森林，并将森林、居所、梯田有机组合在一起。几千年来，他们依山而居，顺山开垦了成千上万层梯田，这些梯田，大至几亩，小至澡盘般小大，长至几百米，短至几米，累计36万亩。这些**梯田把山与山连接在一起**，一眼望去，山山田水相映，犹如一片立体海洋。气势磅礴，雄伟壮观，成为云南最有名的梯田景观。此景观被海内外的人称为"**中国最美的山岭雕塑**"，多年来一直令海内外游人向往。2010年6月14日，联合国粮农组织将中国云南红河州的元阳、红河、绿春、金平4县内的82万亩梯田列为"全球重要农文化遗产"。

观看元阳梯田的最佳时间是每年2月，其它时间景观质量要差一些。2008年，云南世博旅游集团接管和投资开发经营元阳梯田后，将把元阳梯田打造成一年四季可观美景的景区。2012年9月，联合国教科文组织评定元阳梯田为世界自然风景区。

元阳梯田

中国最大的国家森林公园

——普达措国家公园

“普达措”是梵文音译，意为“舟湖”。据《曲英多杰传记》记载和译意，“**普达措**”就是今天“**碧塔海**”的藏语原名。

普达措国家公园位于云南省香格里拉县城东部22公里处。这里是“**三江并流**”世界自然遗产中心地带。普达措国家公园由碧塔海自然保护区和三江并流世界自然遗产红山屯区两部分组成。公园由高山寒温性叶林植被覆盖，最高处是弥里塘北部山顶，海拔为4159米；最低处是碧塔海东部金子沟，海拔为3200米。相对高差959米。公园面积约300平方公里，是中国最大的国家森林公园，也是中国大陆第一个国家公园（2007年5月公布）。

普达措国家森林公园**由人文景观和自然生态景观两部分组成**。

人文景观由农牧文化、藏族建筑文化、藏族着装歌舞文化、婚丧嫁娶、民俗风情、宗教礼仪、传统节日等组成。

自然生态景观由地质地貌景观、湖泊湿地景观、森林草甸景观、河谷溪流景观、珍稀动植物景观五大部分组成。在自

然景观中，你可以看到湛蓝的天、绿色的地、清凉的湖、茂密的森林。森林可以看到云南沙棘（维生素含量为橘子汁的200倍）、狭叶人生果（所含蛋白质、脂肪极高，牛吃后膘肥体壮产奶多）、报春花、亮叶杜鹃、西南鸢尾等400多种稀有植物；也可以看到黑颈鹤、黑熊、小熊猫、野猪、牦牛、藏獒、松鼠、飞鼠、绿尾虹雉、重唇鱼等野生动物。

普达措公园，是**生态的家园，自然的家园，藏族的家园**，也是旅游者享受自然、享受生态的家园。春天 到这里，可以观绿草、绿林；夏天到这里，可以观各种颜色的花景；秋天到这里，可以观金色林海；冬天到这里，可以观雪林、雪湖和珍禽动物。

普达措国家公园

最有名的山水田园风光——普者黑

在云南丘北县西北10多公里处，有一片160平方公里的水域叫普者黑（彝族语意为鱼多的池塘）。普者黑风景区有大小湖泊60多个，水中**荷花百余亩**，水中**孤岛山峰**280多座，**山中溶洞**240个。这里湖景、荷花景、岛景、山峰景、瀑布景、溶洞景、田园景相互映托，湖光山色融为一体，形成了一幅美丽的山水田园风光。这就是云南最好的**山水田园风光**。2001年，被国家旅游局评为**AAA级旅游景区**。

每年7月，这里的**百亩荷花盛开**，此时是普者黑的旅游旺季，昆明人，中外游人来到这里，坐上独木舟，穿行于湖水荷色之间，相互打水嬉闹，充满欢声笑语。

普者黑地区的居民有壮族、苗族、彝族、白族等民族。各民族和睦相处，民族文化相互融洽，每年过**彝族火把节**时，会同时举办一个别开生面的“花脸节”。过节时，彝族村寨的男女老少欢聚一堂，

普者黑

吃过丰盛的节日饭后，就到村头寨尾用墨汁、锅烟灰相互追逐涂抹黑脸中，被抹的人越多，抹的越黑的人是最幸福的人。每年至此，方圆百里上万的各族人民都会到此参加纵情狂欢。

园艺花卉品种最多的公园

——昆明世博园

国家主席江泽民题写的“世界园艺博览园”是“99昆明世界园艺博览会”的简称（也叫昆明世博园）。1999年5月1日至10月31日的昆明世界园艺博览会就在这里举行。世博园位于昆明市东北部金殿风景名胜区，距主市区4公里，占地总面积218公顷。这里**风景如画，森林茂密**，植被覆盖率76.7%。园内建有世界各国展馆，有各种名贵植物、园艺、花卉2500多种，是世界园艺花卉品种最多的公园之一。世博园内的主要展馆、设施有：

一、室内展馆区，建筑面积为40080平方米，内设：①中国馆，主要展出中国园艺。②人与自然馆，主要展览人与地球的生

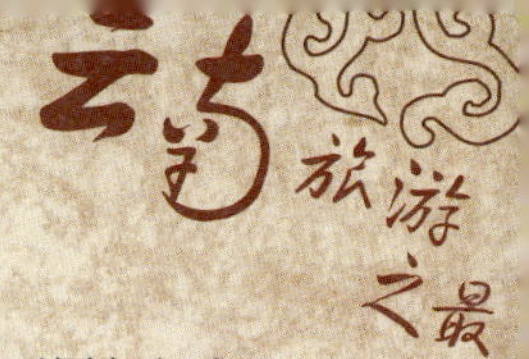

昆明世博园

态关系。③大温室，主要展览热带、亚热带、温带、寒带等不同气候条件下生长的植物。④科技馆，主要展示世界园艺领域内的高科技成果。⑤国际馆，主要展示世界各国园艺及园艺科学文化。

二、室外展场，面积163300平方米，分为三个地区：①中国展区，有热带雨林区、传统花木园区、药草区、蔬菜瓜果区、四季花卉园区、竹园区、兰花园区、盆景区、树木园区，沙生植物园区，城市花园区，茶文化区、水生植物区、月季园区。②国际展区，展出近百个国家的植物、花卉、园艺。③企业展区，展示国内外企业的园艺文化艺术。

三、公共服务设施，占地面积9000平方米，建筑面积54447平方米。沿中心游览大道配置酒店、餐饮、娱乐、卫生、电信、幼托、急救、商场等设施。

游览世博园，它给游人的感受是：①展示了世界各国的花卉、蔬菜、瓜果、庭园、绿地、园艺、植物及与此相关的先进科学技术成果。②再现了世界各国的建筑艺术风貌。③揭示了人与自然和谐统一的世博会主题。④体现了旅游观光活动的观赏性、娱乐性、趣味性、知识性。

世界各国举办世博会后，其会场均撤除或变成废地，但昆明此届世博会后，其场所、展区、展物原样保存下来，成为永久世博园。并且以企业形式自主经营世博园，而且经营业绩好，成为一个上市公司。

世博园的主管部门是云南世博集团公司。如今的云南世博集团公司，已经控股了云南旅游集团公司，成为了云南省旅游龙头骨干企业。这一事实，破解了世博会场址只能撤除或废除的世界难题，让世界博览局的领导感到吃惊、震憾和敬重。

在云南省政府的协调下，2009年5月1日，云南世博集团公司与云南旅游集团公司重组挂牌为“云南世博旅游控股有限公司”，此公司集旅游景观、旅游交通、旅游饭店、旅行社、旅游购物、旅游娱乐、旅游投资开发为一体，是云南省规模最大、品牌最佳、实力最强的旅游公司。也是云南或中国旅游行业中的航空母舰。

最有名的石窟——西山龙门石窟

龙门是人们对西山公园中“**三清阁**”和“**龙门石窟**”的习惯总称。龙门石窟从别有洞天开始，包括揽海处，慈云洞、云结洞、达天阁（龙门）等景点，全长近百米，宽1米，高约2米，龙门室宽深各5米，是我省最长、规模最大的石窟。龙门海拔2180多米，垂直高度300多米，距滇池水面414米。

龙门石窟开凿于公元1781年至1853年，历时72年，由吴来清、杨汝兰、杨际泰三人分三阶段组织众多石匠开凿。这条石窟，沿悬崖绝壁由人工一锤一凿完成。它包括石刻、平台、龙门石坊、石室、楹联、神像、天棚、室壁、神案、香炉、烛台、供品等。其结构布局优美，刻工精细，室内的魁星、文昌、关圣皆就石岩凿成，巧夺天工。魁星，又称文曲星，是主宰文运之神，高1米多，其右手高悬神笔，左手执元宝（又称神笔之墨斗），右足踏鳌头，左足后跷，脚掌抬一“斗”，扭其身躯而点斗，相传点中文运好的人便可登科中举。北面雕文昌帝君，是主宰功名禄位之神。南面雕关圣帝君，是主宰武运之神。魁星、文星、关圣后面是八仙过海众神仙，他们形态各异，栩栩如生。

龙门不仅石雕艺术精湛，而且也是昆明最有名的风景名胜之一。游客游览龙门，**上仰危崖扑顶，下视五百里滇池**，天水一色，只见白帆点点，湖光闪耀，全然是一幅美丽的山水画。

由于龙门景观壮丽，每天都有成千上万的中外宾客至此游览，使得一米宽的狭窄龙门石道人流阻塞，为此，1984年兴修了龙门迂回通道，全长1076米，共有石阶1193级，这样，大大缓解了龙门石道的阻塞。

龙门风景区，被国务院公布为国家级重点风景名胜区。

西山龙门

大观楼公园

最有名的长联——大观楼长联

大观楼位于昆明市西南2公里的**滇池岸边**，兴建于公元1696年。此处景色秀逸多姿，吸引了不少文人雅士选胜登临，清乾隆年间**寒士孙髯**，傲然写下脍炙人口的**180字长联**，成为云南古今第一长联。

“**五百里滇池**，奔来眼底。披襟岸帻，喜茫茫空阔无边。看东骧神骏，西翥灵仪，北走蜿蜒，南翔缟素。高人韵士，何妨选胜登临。趁蟹屿螺洲，梳裹就风鬟雾鬓。更蘋天苇地，点缀些翠羽丹霞。莫孤负四围香稻，万顷晴沙，九夏芙蓉，三春杨柳。”

“**数千年往事**，注到心头。把酒凌虚，叹滚滚英雄谁在？想：汉习楼船，唐标铁柱，宋挥玉斧，元跨革囊。伟烈丰功，费尽移山心力。尽珠帘画栋，卷不及暮雨朝云；便断碣残碑，都付与苍烟落照。只赢得：几杵疏钟，半江渔火，两行秋雁，一枕清霜。”

上联描写滇池风光，下联写出了云南历史，寓情于景，情景交融，浑然一体，堪称千古佳作。

此长联由昆明名士陆树堂用**竹书刊刻**，公元1857年与楼同毁于兵燹。公元1866年，马如龙重修大观楼，公元1888年，云南总督岑毓英使赵藩将长联重新楷书刊刻挂于楼前，为今所见者。

1983年1月，大观楼被云南省人民政府公布为省级**重点文物**保护单位。2007年5月，被国家旅游局定为4A级公园。

五百里滇池奔來眼底披襟岸幘喜茫茫空闊無邊看東驤神駿西翥靈儀北走蜿蜒南翔縞素高人韻士何妨選勝登臨趁蟹嶼螺洲梳裹就風鬟霧鬢更蘋天葦地點綴些翠羽丹霞莫孤負四圍香稻萬頃晴沙九夏芙蓉三春楊柳

昆明孫髯翁先生舊句

數千年往事注到心頭把酒淩虛歎滾滾英雄誰在想漢習樓船唐標鐵柱宋揮玉斧元跨革囊偉烈豐功費盡移山心力儘珠簾畫棟卷不及暮雨朝雲便斷碣殘碑都付與蒼煙落照只贏得幾杵疏鐘半江漁火兩行秋雁一枕清霜

光緒十四年戊子春正月二日 西林岑毓英重立

大观楼长联

罗汉最多的寺——筇竹寺

筇竹寺位于昆明北郊12公里的玉案山上，寺中有**518**尊罗汉，其中梵音阁和天台阁各塑**216**尊，大雄宝殿塑**86**尊。**每殿六排，每排三层，塑像高约一米**。这是云南泥塑罗汉最多的地方，也是我国泥塑最为生物传神的五百罗汉，被誉为“东方雕塑艺术宝库中的明珠”。

500罗汉的创作者是四川合川县人黎广修，他带领徒弟林有生、飞良等5人，历时7年（公元1883年～1890年）塑造而成。在500罗汉的创作中，雕塑家们通过对现实生活的细心观察，运用现实主义与浪漫主义相结合的手法，大胆地以各种身份的人为蓝本，经过概括、提炼、夸张，精心塑造出众多的艺术群像：有的静观**默坐**，若有所思；有的**怒目**而视，**振臂**扬威；有的回首凝视，似乎发现不测；有的张臂惊喜，好象忽临仙境；有的**吹笛**入神；有的窃窃私语；有的**读书**入神；有的哈哈**大笑**……真可谓形态各异，神态逼真，朴实生动，栩栩如生。

筇竹寺罗汉

中国最大的铜铸殿——金殿

金殿位于昆明市东北郊7公里处。据地方文献记载，金殿建于明朝万历三十年（公元1602年），因云南东川等地产铜，每年都要按规定数量运往湖北铸钱。后因战乱无法将铜运往湖北，当时鹦鹉山道长徐正元便请巡抚陈用宾和世袭黔国公沐昌祚，仿照湖北武当山七十二峰的中峰铜殿建造，冶铜铸成殿宇，供奉“北极真武大帝”，取名为“太和宫”。崇祯十年张凤翮巡云南时，将殿宇移往宾川鸡足山。

现存的金殿是清初**吴三桂**重建的。在殿的大梁上还铸有“大清康熙十年、岁次辛亥（公元1671年），大吕月（即阴历十月）十有六日之吉，平西王吴三桂敬筑”等字样。**金殿高6.7米，宽7.8米，深7.8米，占地130平方米**。殿内精铸道教崇奉的“北极真武大帝”高2米多，两旁的金童玉女，高如常人，四面铜墙铸格子门，雕刻线条流畅，形象生动。所用**建造金殿的铜约250多吨**，是中国最大的铜铸殿。

国务院将金殿列为全国重点文物保护单位。

最有民族特色的城市——大理古城

大理白族自治州成立于1956年11月，州政府所在地是大理市，大理市有一座被誉为“**文献名邦**”的大理古城，大理古城的特色如下：

一是古老。早在公元2世纪时，这里就居住着以游牧为主的“昆明人”，畜牧业已相当发达，并与中原地区发生了经济文化联系。西汉武帝元封二年（公元前109年）在大理置叶榆县。蜀汉诸葛亮南征大理时置云南郡，唐代南诏国、宋代大理国都设都在此。这个城市，曾是云南政治、经济文化的中心，是一座**古老的历史名城**。

二是游览景点多。大理山川秀丽，气候宜人，上关花、下关风、苍山雪、洱海月，构成了大理“四绝”，素有“东方瑞士”之称。加上崇圣寺三塔、蝴蝶泉、石宝山石窟、鸡足山佛教圣地、巍宝山等，构成了**绚丽的自然景观和丰富的人文景观**。

三是白族多。大理是我国最大的白族人民聚居区，据1990年人口普查统计，白族在云南省有130万人，而大理白族又占全省白族总人口的80%以上。白族有着多彩的白族风情。

四是文化发达。大理是云南最早的文化发祥地之一，是云南早期文化发展的中心。早在南诏时期，大理的文化已相当发达，崇圣寺三塔就是古代文化的象征。《白史》、《国史》、《南诏奉圣乐》、张顺、王奉宗绘的《南诏画卷》、张胜温绘的《大理画卷》等不朽佳作，充分说明了大理文化的发达，而且大大丰富了祖国的文化宝库。

五是常住外国人多。近年来，大理古城吸引着美国、法国、德国等世界各国100多个外国人长期生活在这里探古怀旧和旅游观光。这些长住的外国人，他们基本生活在大理古城一条街，这条街被人们称为“洋人街”。

1982年2月，国务院将大理古城列入全国首批24个历史文化名城及44个风景名胜区之一。

大理古城

最古老的古集市
——剑川寺登街

在金沙江、澜沧江、怒江三江并流东部的云南剑川县城西北20公里处，有一个茶马古道唯一留下的**古集市——寺登街**。寺登街以四方街为中心，有无数条古朴的小巷由此辐射四面八方，并且各条街巷相连。这里的等道用条形青石或红砂石镶嵌而成，石面上布满了千百年来**茶马古道**的马蹄印，记录了茶马古道的沧桑历史。在街道两侧，马屋、店铺、住宅依然古旧，居住在这里的老人依然穿着**古旧的服装**生活着，剃头店的老人手拿着清朝时代的剪刀认真地为客人理发，店铺里的老人用传统的买卖方式叫买叫卖。

寺登街以“古”而闻名天下。这里的**古有五大特色**：一是**街道古**，它以大大小小的茶马古道、古桥、古马蹄印为见证。二是**建筑古**，它由几十年或数百年前的欧阳古宅、古寺庙、古戏台、古马店、古客栈、古店铺、古剃头铺构成。三是**人古**，它由老人穿的古长衫、古中山装和老人说的古语组成。四是**生活方式古**，它由老人们用的古碗、古餐具、古熨斗、古剪刀等古生活用具和大碗喝酒、大块吃肉等古生活方式组成。五是**音乐古**，这里居住的白族老人，坐在古戏台上，用古唢呐、古板胡、古京胡、古笛子等古乐演奏400多年前留传焉的白族洞经古乐，这些古乐有道家音乐的飘逸、有儒家音乐的浓厚文雅、有南诏宫廷音乐的典雅庄重，也柔美清新。

寺登街因为有这五古特色，世界纪念性建筑基金会于2001年10月11日在美国纽约宣布将其列入《世界纪念性建筑遗产2002年

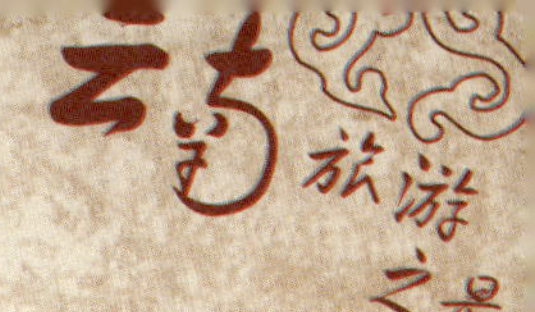

保护名录》，并将其**排名在中国万里长城之前**。消息一公布，寺登街名声大振，马上成为云南旅游的一个亮点。

想体验古朴小镇生活的游客，你到寺登街来吧，来到这里你会觉得时光回流，生活古朴、民风纯朴、净化私欲。古而古寺登街最古，旧而旧寺登街最旧。纯而纯寺登街最纯，朴而朴寺登街最朴。

团山民居古戏台

最精美的古民居群

——建水团山村古民居群

在云南建水县以西13公里处有个团山村，村中有一片坐落在山坡上的**百年老建筑群**。这些古民居群以**张家花园最有代表性**，地面和墙体是青砖，屋顶是传统的木结构瓦顶，屋高有一层的，也有两层的。**平面结构是四合院**。四合院内有卧房、厨房、客厅；客厅门窗多为精雕艺作的格子门，每个院中有水井或石水缸（古代消防池），有一个大的四合院内还有戏台或观戏台花园等。各个四合院互相联通，互为一体。

团山村完整保存了**19世纪的村落格局**和原生态的人文环境，是一个**活态的遗产**。它拥有数量众多，风格多样，完整真实的古建筑和传统民居，是一个浓缩中国本土文化色彩的原生态古村落，也是一个充满人文生命的古活村庄。对此，被国内外文化遗产保护专家评价为云南最精美的古民居群。

团山村为何有这样的古民居群？追踪历史告诉我们，这里距个旧锡都70公里，清末时，这里有大批青壮年到个旧挖矿、洗冶

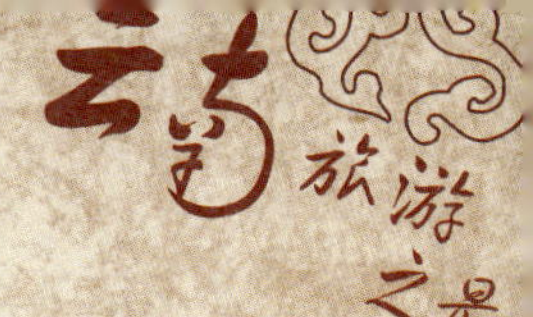

并将锡运到香港、越南等地销售，同时又兼营棉纱、布匹、百货等进出口贸易。1910年，滇越铁路全线通车，并在团山设了一个站，这为货物营运提供了便利条件，同时也使团山人**财源滚滚**。有了钱的团山人就在团山投巨资大兴土木，建造了这些精美豪华的传统民居。

2005年6月21日，团山古民居群被世界纪念性建筑遗产保护基金会正式入选为2006年**世界纪念性建筑遗产**保护名录。它是云南省继剑川沙溪寺登街之后入选保护名录的又一个世界纪念性建筑遗产。它的申报成功，表明团山古村的历史文化价值得到了世界的认可和关注。

中国被列入世界建筑遗产保护名录的古建筑有北京万里长城、北京故宫等20个，云南占2个，占全国的10%。

中国最科学的古城建筑群

——丽江古城

云南纳西族聚居地的丽江县具有悠久的历史，早在战国时期就是秦国的蜀郡。在这座古城中，有一座驰名中外的、古朴典雅的城镇，它就是大研镇。**大研镇以四方街为中心**，四条主街向四面延伸并分岔出无数条街和巷。大街小巷成网状布局，并且条条街巷有小桥，条条道路通流水，家家门前有清流，户户人家有垂杨。大有“**中国水乡古城**”之风韵，且是我国最科学的古城建筑群布局。

丽江古城的大研镇古建筑群都是**土木结构的瓦房**，大多是**三坊一照壁式建筑**，也有四合院。这些建筑都是层甍勾角，每家房屋都精工细凿，大都雕有双凤朝阳、八哥山茶、二云抱日、暗八仙、水波浪等图案。这些图案既反映了纳西先民的艺术造诣和审美情趣，又展现了大研镇古建筑群纯朴而辉煌的风貌。

丽江古城，是中华民族优秀建筑的缩影。许多建筑学专家考察研究古城后说：丽江古城镇的历史，比被誉为**世界样板**的英国翰洛城早数百年，并且布局比翰洛城更科学。它是我国仅有的保持古城全貌的古城镇，为研究我国城市建设史提供了宝贵的实物资料，是**珍贵的文化遗产**。

1997年12月5日，联合国教科文组织认定丽江古城为世界历史文化名城。

2011年7月，国家旅游局将丽江古城评定为5A级旅游景区。

丽江古城——小桥流水

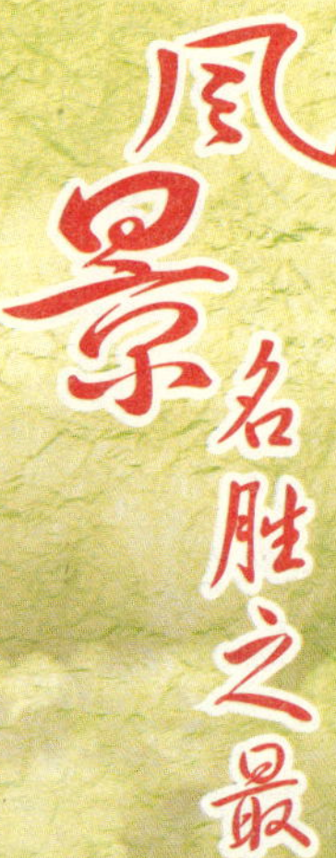

風景名胜之最

地势湖泉之最

自然景观之最

「人文景观之最」

崇圣寺三塔

中国最高的偶数古塔

——大理千寻塔

云南古塔甚多，但最著名、最壮观的当数大理苍山应乐峰下的**崇圣寺三塔**。

崇圣寺三塔，位于大理古城北1公里处。三塔的主塔名千寻塔，方形，密檐式空心砖塔建筑，高69.13米，十六级，是我国偶数古塔中层数最多的一座。其造型风格与著名的西安小雁塔相似。塔身为环筑厚壁式结构，内壁垂直，上下贯通，内部设有木质楼梯。塔下部有二层台基，塔直立在两层高大的台阶之上，上层砖砌结构，座高2.07米，下层台基围似栏板和望柱。

主塔南北边70米处各有一座八角形砖塔，每塔各十层，高42.19米，两塔顶处有三个互相衔接的铜制葫芦和伞形铜铃。

据专家们初步断定，主塔——千寻塔建于唐开成年间，两旁小塔略晚于千寻塔，约于五代时期（公元907～960年）建成。

三塔已维修多次。在维修千寻塔过程中，考古工作者于1978年和1979年先后两次从**塔中发掘出南诏、大理国时期的各种文物680多件**，其中包括《金刚般若经》图卷《大陀罗尼经》等珍贵文物，具有较高的历史价值，是研究南诏、大理国历史的实物资料。

大理三塔有神奇的抗地震能力。据记载，明代正德乙亥（公元1515年）年五月六日，千寻塔“折裂如破竹”，10天后又自动弥合，安然无恙。1925年大理发生强烈地震。城内房屋倒塌99%，而三塔巍然不动，仅震落主塔塔顶的宝刹。由此可看出三塔具有很高的建筑技术价值。

1961年3月，国务院将大理三塔列为全国重点文物保护单位。2011年7月，大理三塔与崇圣寺一同被国家旅游局评定为5A级旅游风景名胜区。

最奇特的塔

——树包塔

在云南景谷县城内，有一座勐卧总佛寺，寺建于公元1644年，**现有360多年的历史**。建寺时同时在寺前左右边建了两座塔，相传佛祖云游此寺时，赐菩提神树两株于双塔上。经过几百年的成长，树顶枝繁叶茂，高耸入云；树根盘绕着两个塔身，形成了罕见的塔树合一、华夏一奇的“塔包树，树包塔”自然奇观。在东南亚一带享有盛誉，有很高的观赏价值和艺术价值，现被云南省列为省级风景名胜区。

在滇西芒市第一小学内，也有一座具有200多年历史塔，此塔被一棵大青树紧紧箍在中间，塔顶上生长着参天大树，一眼看去，树包塔，塔长树，树塔浑然一体，别有情趣，是罕见的自然景观，也是**云南省最奇特的塔**。现列为省级名胜风景点之一。

景谷树包塔

秀山公园

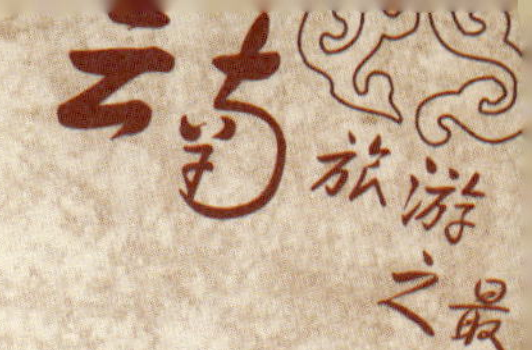

世界对联最多的公园
——秀山公园

秀山位于通海县城南，据《大明一统志》载，它与昆明金马山、碧鸡山、大理的苍山并列为**云南四大名山**，素有“**秀甲南滇**”的美誉。秀山古建筑始建于南宋，经千百年来历代的扩建、修缮，逐渐成为名闻远近的游览胜地。

秀山风景区有五个特点：一是秀。秀的标志是古木参天翠尽秀，森林茂密碧全绿，**二是古建筑群独具匠心**。现存的秀山古建筑群有：宋建涌金寺即（即大顶寺）；元建清凉台、普光寺、文庙；明建土主庙、三元宫、白龙寺；清建万寿宫、斗天阁等。各代建筑独具匠心，错落有致，风格各异。**三是道路独特**，既不是精致的水泥路，也不是粗糙的泥土路，而是用鹅卵石铺就的一米多宽的石头路。此路晴不扬灰，雨不积水，不打滑，与浓郁的山林，古色古香的楼、亭、寺院相谐调。**四是花卉盆景品种多。五是对联多**，千百年来，秀山的风光与建筑激起历代文人墨客的吟咏之情，留下了两百多副匾联碑刻，仅对联就有130多副，可算世界对联最多的公园。这些对联，使秀山显得典雅高洁，文采风流，名传四海。如邑人张恩浩写的“**秀山轻雨青山秀，香柏鼓风古柏香**”，倒顺可诵。通海因为秀山有了这些优秀的名联，于2008年8月被中国楹联协会评定为全国楹联之乡。

1987年12月，云南省人民政府公布秀山公园为省级重点文物保护单位和省级风景名胜区。2006年2月，国家旅游局评定秀山公园为4A级公园，它是玉溪地区最早的唯一的国家4A级公园。2006年10月，国务院评定通海秀山为全国重点文物保护单位。

最具宫殿建筑特色的公园
——狮山公园

狮山距昆明110公里，位于武定县城西。因山形像一昂首蹲伏之雄狮而得名。狮山公园因有明建文皇帝在此当和尚的一段历史而使其增加很多传奇色彩。加之这里的宫殿式建筑，使狮山驰名滇中，有**西南第一山**的美称。

狮山**正续寺建筑群始建于元至大四年**（公元1311年），后经历重修。其建筑包括牌坊、韦陀殿、大雄宝殿、观音殿、伽蓝殿、藏经楼等，建筑合理，布局严谨，具有宫殿特色。殿宇为斗拱建筑，殿内有精致的彩绘和塑佛像，具有相当的艺术造诣。身披袈裟的建文皇帝塑像，慈眉善目，而面显忧郁。

1987年12月，云南省人民政府公布正续寺为省级重点文物保护单位。

狮山公园除**人文景观外**，还有**蛇头石、倒悬劲松、盘石奇松、飞泉瀑布**等36个自然景观，这些景观，风光秀丽，景色迷人，是云南省省级风景名胜区。

狮山公园

剑川石宝山石窟

最早的石窟

——石钟山石窟

坐落在剑川县城西南25公里处的石宝山，山上有一高峰，峰上有一大块红砂石形如钟而得名石钟山。石钟山上有三区石窟群：**石钟寺区八窟，狮子关区三窟，沙登村区六窟**。三个区域共造像139尊。这些石像，均雕刻在红砂石上，以**南诏国**的发展历史为主要内容，构造了一幅生动的南诏历史画卷。在南诏200多年的历史中，功绩特别显著的3位王者在石窟中均有雕像。

石钟山石窟的139尊像中，除南诏历史人物雕像外，还有释迦牟尼、八大明王等佛教造像和反映人们日常生活的樵夫、老翁、琴师、童子雕像，这些雕像，栩栩如生，充满民间生活气息。

石钟山石窟的开造年代，上迄南诏（唐），至大理国（宋），**至今已有1000多年的历史，是云南最早的石窟**，这一石窟群所具有的历史、科学和艺术价值，已被越来越多的人所重视，特别是那座中国唯一的女性生殖器（白族语叫阿盎白）雕塑，竟然出现在以佛像、王者雕像群中，引起了有关学者专家的极大关注。有人说是少数民族地区性崇拜的产物；有人说是女性求子的崇拜物；众说纷纭。但不管怎样，“阿盎白”被白族群众所崇拜则是事实。1961年3月，国务院公布石钟山石窟为第一批全国重点文物保护单位。

石钟山上还有个宝相寺，每月农历27～29三天，这里都要举行传统的唱情歌活动，届时，大理、丽江、洱源、兰坪等七个县市的白族男女青年，都要穿着节日盛装，弹着三弦来这里谈情对歌，通过对歌，他们要盟定终生——寻找如意的伴侣。这样的歌会要举行三天三夜。

剑川石宝山石窟

最有名的南传佛教建筑塔

——曼飞龙白塔

曼飞龙白塔位于景洪市勐笼乡曼飞龙寨北的后山顶上，距景洪县城69公里，始建于清乾隆（公元1204～1795年）时期，是西双版纳著名的南传上座部佛教建筑。

塔系砖石结构，由**大小九塔组成**。塔基为一圆形石座，周长42.6米，八角各砌一佛龛。主塔高16.29米，四周小塔各高9.1米。**塔呈葫芦状**，塔身洁白，有各种精美的塑饰和彩画。佛龛饰有各种动物、花草、卷云纹装饰。塔刹由宝瓶、银铃、风铎等组成。

每年泼水节，各族群众和中外宾客蜂拥而至这里参观**傣族的泼水、丢包、赶摆、放高升活动**。

1988年1月，国务院公布曼飞龙塔为全国重点文物保护单位。

曼飞龙白塔

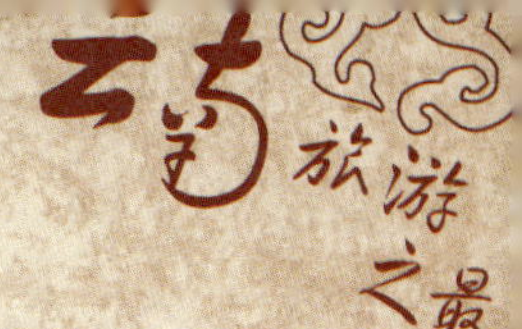

最有名的楼
——五凤楼

五凤楼，原在丽江县城西北10公里白沙村后的芝山上，**旧名法云阁**，是明代土司土氏的别墅。初建于公元1601年，公元1864年毁于兵燹，公元1882年重建的。现在的五凤楼是清仿明制重建的。为了游览方便，1979年搬迁丽江黑龙潭公园内。

五凤楼为三层木结构建筑，楼高20米，面阔、进深三间，通面阔18.92米，通进深17.78米。楼基正方，三十二柱，飞檐八角，三叠共二十四角，远近互相映衬交错，从四面看，都像五只展翅欲飞的凤凰，五凤楼因此得名。五凤楼造型特殊，构思巧妙，实属云南第一名楼，在中国西南也极少见，它是汉、藏、纳西各族文化交流的结晶。

1983年1月，云南省人民政府公布五凤楼为省级重点文物保护单位。

五凤楼

最有名的亭
——景真八角亭

景真八角亭位于勐海县勐遮区景真乡境内的小团山上。四周傣寨相连，茶园翠绿，风景秀丽。

八角亭建于傣历1063年（公元1701年），相传是内地汉族和当地傣族的佛教信徒们仿照释迦牟尼的金帽式样而精心设计修造的。亭高15.42米，底直径10米，由座、身、顶三部分组成。亭身分8个大面，31个小面，交成32个角。24面墙壁构成亭室，**室内供有一尊释迦牟尼铜像**。亭顶插着一根挂有铜铃的银伞，与下层八角椽上的铜铃一起随风摇动，叮当作响。亭的内部墙壁上，有金粉印绘的各种花卉、动物图案，并安装有各色镜子。**亭的中部是八角楼阁，八个角又分为十层，由下而上，层层重叠收缩，直至顶端**，结构精巧，别具一格。这是傣族民间建筑艺术的结晶，傣汉人民文化交流的象征。

1988年1月，八角亭被国务院定为全国重点文物保护单位。

景真八角亭

最大的藏传佛教寺
——松赞林寺

松赞林寺汉语称为“归化寺”，距中甸县城5公里，建于公元1679年，公元1681年完工后，五世达赖赐名“噶丹松赞林”，此寺仿西藏拉萨布达拉宫格局建造，气势宏大，建筑雄伟，筑有坚固、厚实的城垣。全寺占地五百亩，是**云南最大的藏传佛教寺**。

大寺为五层藏式雕楼建筑。主殿上层镀金铜瓦，金光闪闪，“远近百里如见佛光”。殿宇屋角兽吻飞檐，又具汉式寺庙建筑风格，下大殿有108根柱楹，代表佛家吉祥数，大殿可容1600人趺坐念经。左右墙壁为藏经“万卷橱”，正殿前座供奉有五世达赖铜像，其后排列着著名高僧的遗体灵塔，内藏金银名贵珠宝。后殿供有宗喀巴、弥勒佛、七世达赖铜像。中层有位康八间，分别为诸神殿、护法殿、堪布室、静室、膳室等。内壁回廊雕饰精美，壁画琳琅满目。

噶丹松赞林寺内等级森严，尊卑分明，分活佛、格西、格弄、班卓等级。设喀姆、老僧、英则、第巴、格干等数十种职位。现寺内共有僧侣700余人。

噶丹松赞林寺，不仅建筑古老宏伟，而且寺内历代珍品众多，有五世达赖和七世达赖时期的八尊包金释迦佛像，贝叶经、五彩金汁精绘唐卡、黄金灯。全寺收藏有《甘珠尔》十部，其中两部为金汁手书。还有各种精美的鎏金或银质香炉、万年灯等。松赞林寺以古老、雄伟、独特的人文景观吸引国内外宾客，是难得一见的旅游胜景。

松赞林寺

建水孔庙

最大的孔庙

——建水孔庙

建水孔庙，也称文庙。坐落建水县城西北角。始建于元朝至元二十二年（公元1285年），至今已有710年的历史。经明清两代按山东曲阜孔庙的布局扩建，建水文庙形成了较大的规模，共占地114亩，主要建筑有一殿、二庑、两堂、二阁、三祠、四门、八坊，气势宏伟，风格独特，是云南最大的孔庙，居全国第二位。《新纂云南通志》称："其规制宏敞，金碧壮丽甲于全滇"。

最有特色的建筑是大成殿，是文庙建筑的精华所在。殿内有巨石雕凿的孔子神龛，殿梁高悬明、清两代皇帝御题的6块贴金大匾。大成殿门口安装着高3.5米，宽0.75米的22扇屏门，是明代初年能工巧匠的杰作，充分显示了我国古代劳动人民的高度智慧和创造才能。

大成殿内洁净，无蚊蝇飞鸣，无蜘蛛结网。殿外四周虽未挖排水道，但每逢下雨，总是雨停院干，没有积水。这在古建筑上，至今还是一个谜。

建水县城因有此孔庙，被国务院列为全国历史文化名城、国家级名胜区。

最大的道教胜地
——巍宝山

巍宝山在云南省巍山县城郊。巍山县城，历史悠久，系**南诏国的发祥地**。现在整座县城仍具有明清城池建筑的格局，城内有玉皇阁、文华书院、东狱宫、玄龙寺、圆觉寺、文庙、太阳宫等建筑。城郊的巍宝山是我省最大的**道教胜地**，也是西南道教名山之一。山中有老君殿、文昌宫、报恩殿、三皇殿、培鹤楼等10多座古建筑，堪称是研究云南唐代以来的建筑艺术的博览馆。巍山县城因有这座巍宝山，被国务院公布为全国历史文化名城。

巍宝山大门

最著名的佛教名山
——鸡足山

巍峨秀丽的鸡足山，屹立在滇西的宾川、大理、邓川、永胜、鹤庆等县的交界处，它以高耸入云天的天柱峰为中枢，前列三峰，后有一岭，**形如鸡足**而得名。鸡足山不仅风景秀丽，而且是滇西的佛教胜地。据《五灯会元》、《大藏一览》、《曹溪一滴》、《滇释记》等佛教典籍载，释迦牟尼“十大弟子”之一的迦叶，持金缕僧衣，入鸡足山等待慈佛降生，后“入定”（死）于华首门。山上的岩、桥、石、亭、庵多有生动迷人的佛教传说。山上的佛教建筑，肇始于唐，继于宋元，盛于明清，直至民国仍有增修，至今已有1000多年历史。在清康熙时，已有大寺8座，小寺34座，庵院65座，静室170余所，寺僧5000余人。其中高僧辈出，名流贤士亦有不少人先后在鸡足山听经读书，访泉探胜。明代著名地理学家徐霞客、著名思想家李卓吾等都曾亲临于此，两次登临。现在，鸡足山已成为闻名国内外的旅游胜地，并且被国家列为重点风景名胜区和云南省自然保护区。

地势湖泉之最
自然景观之最
【人文景观之最】

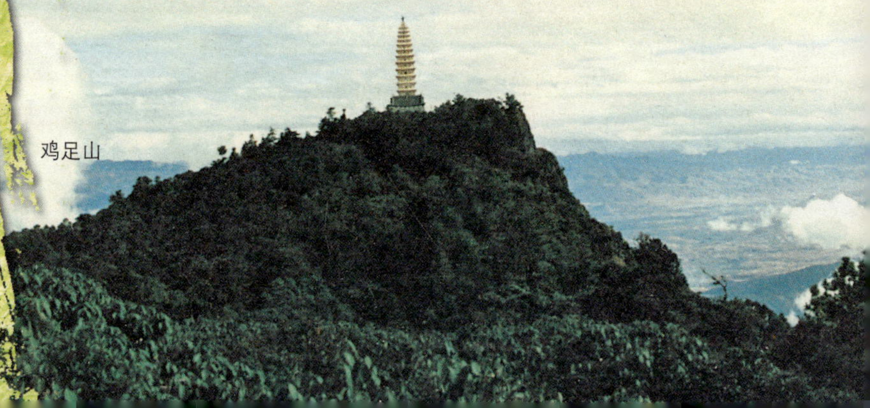

鸡足山

最古老的崖画
——沧源崖画

云南共有23个摩崖画点，居全国之首，其中最早的崖画是沧源崖画。沧源崖画，位于沧源县北部的勐省、中部的勐来所属的一座高山崖壁上。这些**崖画是3000多年前新石器时代的作品**，是云南省至今发现的最古老的崖画，也是我国迄今发现年代较早的原始崖画。具有较高的艺术、历史价值。

沧源崖画主要集中在宽约50米，高约30米的一堵崖壁上，崖壁石质为青石，崖画颜色为红土色，画面面积487平方米、有图像1098个、其中人物785个、动物187个、房屋25座、道路13条、各种表意符号35个，还有树木、舟船、崖洞、太阳、手印、云朵、山峦、大地等图像、人物似为裸体，男多女少，其中部分有头饰、尾饰，所绘人物使用的工具多为竹、木、石、角制品。这些图像多有一定的中心内容，其中有狩猎、放牧、舞蹈、巢居、归家、娱乐、斗象、野猪逐人、战争、杂技、宗教祭祀等内容。

沧源崖画

崖画用的颜料，据化验就是当地产的赤铁矿的粉末掺和适量的动物血，加上含胶质的植物液体，附着力强、稳定性高，因此3000多年后的今天，不少图像仍十分鲜明。从图像的线条推测，先民作画时，大的部分用手指作画，细的则用树枝、竹片描绘。画壁多选择崖面较为平整、上部多有岩厦能避风、避雨、避光，前面又较平坦便于行动的地方，图像一般距地面1～5米，以利于保存。这充分显示先民们相当的智慧和绘画水平。

1983年1月，云南省人民政府公布沧源崖画为省级重点文物保护单位。2001年6月25日被国务院公布为全国重点文物单位，其名声享誉世界。

《爨史》浮雕

最大的浮雕
——《爨史》浮雕

《爨史》浮雕在陆良县彩色沙林风景区内，《爨史》**浮雕是用玻璃钢制成的**，全长128米，高5~8米，面积736平方米。该浮雕根据国务院重点文物保护单位的《爨龙颜碑》为历史依据，通过原始的部落、孔雀梦、爨的产生、出征南蛮、战争与结盟、爨神诞生、爨的兴盛、民族矛盾、民族迁移九个部分展现了一个历史故事，反映了一个主题思想：民族团结，就是希望，就是胜利；否则民族分裂、互相残杀，就是自取灭亡；民族迁移、交流、实现大融合，就能兴旺发达；民族故步自封、封疆锁国，就不能进步。

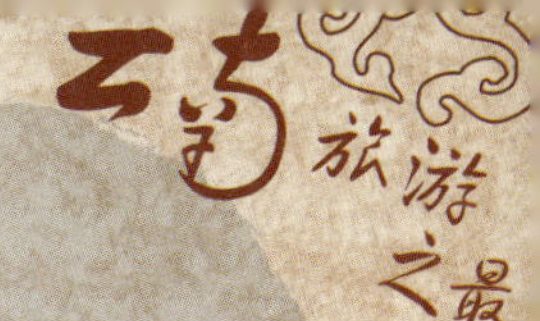

世界最大的罗盘

——珠源罗盘

珠源罗盘位于沾益县城以西50公里（距昆明200公里）的珠江源风景区内的马雄山顶上，站在这2444米海拔的山顶上往远处看，一眼望尽层层叠叠的千座山；往近处看，满山遍野的马缨花和杜鹃花（每年3～4月开放）如火如荼，鲜艳夺目；往脚前看，一个青石磨刻而成的直径为2米，厚为0.2米，重为4吨的天下第一罗盘显于脚前，这便是**世界最大的罗盘**。

在战国时期，我们的祖先用天然磁铁矿石磨成针，这便是最早的指南针。虽能指示方位，但用起来不太方便，为便于使用和精确指示方位，古人又制作了圆盘，刻上方位，将指南针嵌于圆盘中，这样用起来既方便又准确，古人称这种东西为罗盘。罗盘以八卦分，有先天八卦罗盘和后天八卦罗盘两种；以其内容多少分，又有九圈、十一圈、十九圈、二十三圈罗盘，最多有三十六圈罗盘。

珠江罗盘为先天八卦，共有二十三圈。罗盘上有八卦形状的外圈，其内容有十二生肖，六十甲子纳音，观音签及十二星座。罗盘可以转动，盘中央位置有用青石磨刻成的圆石地球仪，四周卯（东）、午（南）、西（西）、子（北）可任你要定其所方位，你可以转动罗盘指针让其正对你的生肖属相，同时也正对你的五行（即六十甲子纳音），又以你的星座相对应，这样你就会看到自己生命无穷的奥秘。这虽属游戏，但你可从中领略到罗盘的神奇。

珠源罗盘

最典型的土司府

——哀牢山土司府

土司是云南各少数民族首领的名称。云南古代的土司大都有官、匪、霸合一的特点，其地方权势非常大，可以抢人、杀人，是区域性的山寨王或土皇帝。

云南少数民族很多，故云南的土司府也多，但最典型或保留最完整的当数新平县哀牢山土司府。该土司府位于新平县城西南方向110公里处，距滇南哀牢山丝绸之路5公里，距昆明260公里。此土司府由土匪头子李润芝于1938年所建，占地面积4.2亩，两层楼建筑，楼上两侧为兵营，楼下正层为李润芝卧室，左右为大老婆、二老婆、三老婆的卧室，得宠的三老婆卧室内有暗地宝藏室。卧室下有地灶暖气设施，这是云南最早的供暖设施。土司府内厨房、客厅、书房、麻将室、花园、马厩、库房、警卫室、练兵场、地下水牢、山顶雕堡（此雕堡被陈赓将军炸毁）等应有尽有。一层和二层均有暗道通往后山的地道（此地道至今还未找到）。如此规模和典型的土司府，在全国很少见，在云南可称“**云南第一土司府**”。

土司府的主人李润芝1946年被国民党的委员长蒋介石委任为云南反共司令（有委任状）。他不仅有强大的政治和军事势力。也有强大的经济势力，仅营运马帮就有400多马匹。据土司府讲解员说：李润芝生活很富足，他每天要吃一只鸡，一只鸽子，一只麻雀。其烹调方法是把麻雀装入鸽子腹中，把鸽子装入鸡腹中，然后再用新鲜人奶炖吃。为了保证他每天有新鲜人奶吃，在土司府旁的母奶村有600奶妈轮流供他鲜人奶。

1949年，李润芝被卢汉抓杀。现在的土司府，已成为旅游者了解土司历史的一个旅游景点。2004年土司府被列为云南省文物保护单位。

哀牢山土司府

世界“闹鬼”时间最长的地方
——陆良战马坡

在云南省陆良县彩色沙林管理区有一个长约40米，宽不到一米的战马坡。陆良县是云南古代少数民族首领孟获的故乡，据《三国演义》记载，孟获曾与诸葛亮发生七次大的军事战争，其中一次就在这个战马坡。双方在战马坡交战时，电闪雷鸣，战马嘶鸣、兵器相击等声音混合在一起。这次战争已经过去了1800多年，但是**当出现电闪雷鸣的天气时，战马坡就会听见战马嘶鸣、刀铁相击、叮叮当当的声音**。音量大约有90分贝（相当于万人体育馆的吵闹声）。当你夜间身入其境，只听见声音而又见不到人马刀影时。会让你毛骨悚然。**就算是白天听不到声音时，马到此也会受惊吓不敢走进战马坡**，由此，老百姓又改叫战马坡为“惊马槽”。由于惊马槽有如此怪异的现象，当地祖祖辈辈的老百姓便认为此怪现象是“**阴兵过路**”或“**阴兵交战**”，也就是说惊马槽是闹鬼的地方，闹了1800多年，是世界上“闹鬼”时间最长的地方。由于惊马槽长期“闹鬼”，人和动物不到此处，成为**天然禁区**。

惊马槽真的有鬼吗？当然不是。不是鬼的话那些怪异的声音怎样解释呢？为了弄清此问题，中央电视台走进科学节目组于2006年到惊马槽实地调研。记者进惊马槽的时间是白天、无闪电雷鸣，因而没有听见什么怪异的声音。记者向附近的村民采访，村民都说惊马槽有“阴兵交战”的声音，这种声音在雷鸣闪电时会出现，有时夜间不打雷也会出现，刀砍马叫的声音很害怕。平时村民不去惊马槽，就连自己养的牛马也不敢进惊马槽。为了证实马是否敢进惊马槽。记者让村民牵着马向惊马槽走。马走到惊马槽路口时站着不走了，记者又要求村民使劲拉马往前走，马无耐地向前走了三五步，这三五步如同此马上刀山下火海，不知它听到什么，立即惊跳起来，顿时喘着粗气、汗流马背，四脚发抖。村民见此状，心疼自己的马、立即将马往回牵。电视台的记者见远处有一群牛，让放牛的人把牛往惊马槽赶、赶至惊马槽路口时，牛便调头跑了。记者又让村民牵着狗往惊马槽走，到惊马槽路口时，狗的四只脚爬在地上，肚皮也贴在地上，任凭主人拖，狗也不向前走。为何动物对惊马槽有如此怪异的反映呢？可能是惊马槽释放出来的小声音人听不到而动物能听到吧。动物的听力比人强，听力范围也大于人。

为了弄清惊马槽的奥秘，电视台记者将录下的动物的反映，惊马槽的怪声和惊马槽的岩石和土壤标本送到中国科学院声学研究所研究。**专家研究后说，这是一种声学现象，也就是一种天然录音和天然放音现象**。惊马槽能有声学现象，必须具备四个自然条件：①有声源。雷声、风声、马鸣声、刀铁相击声都具备了声源的条件；②有电源（含闪电）。闪电具备了这个条件；③有磁场。经化验，惊马槽两旁的岩石或土中含有磁铁矿粉，具备了此条件；④有二氧化硅。经化验，惊马槽的岩石或土壤中含有较为丰富的二氧化硅（录音材料），也具备了此条件。以上四个要素，使得惊马槽有天然的录音功能，在特定的条件下，它又有放音的功能。这就是惊马槽声学现象的科学所在。

陆良惊马槽

元阳

文化古迹之最

中国最早的人类牙齿化石

——元谋人之齿

1965年5月1日，地质部地质力学研究所在距元谋县大那乌村东200米的冲沟处，发现两颗**猿人牙齿化石**，为一左一右的上中侧门齿。同属一个男性成年人，经古地磁测定：距今约170万年，是迄今我国发现的最早的人类化石。考古学家定为直立人元谋新亚种，简称元谋人。

元谋猿人的发现，说明云南高原是人类早期活动的地区之一。

1982年2月，国务院公布元谋人齿为全国重点文物保护单位。

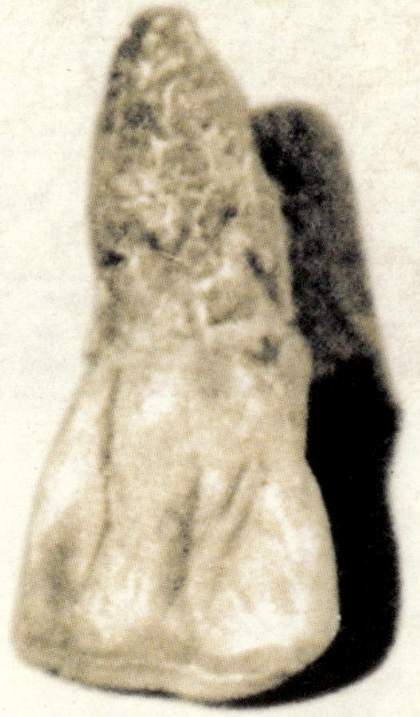

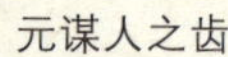
元谋人之齿

云南虫化石

世界最早的人类始祖化石

——云南虫化石

由中国科学院南京地质生物所侯先光于1984年7月发现于云南省澄江县帽天山的动物化石群，距今5.3亿年。澄江动物化石群中，有**世界上最古老的脊索动物——“云南虫”**。云南虫是震惊世界的科研化石，据科学家考证，云南虫体长约3～5厘米，呈黑色，身体运动靠肌肉收缩使身体产生波浪形弯曲来游泳。血液循环为内循环，呼吸用鳃进行。它的形态虽然不好看，但它是所有爬行动物、哺乳动物的祖先，是人类的始祖，也是地球上最早的“居民”。这一发现，泄露了深藏达五亿多年的天机，是“**二十世纪世界的惊人发现**”。联合国教科文组织鉴于澄江动物化石群是研究地球生命史的宝库，2012年7月1日将这块古生物的“圣地”列为世界级文化遗产。

澄江动物化石群中的云南虫、抚仙湖虫、帽天山虫、三叶虫、水母等200多种化石，是**世界上目前所发现的古生物门类最多、最古老、保存最完整的软体动物化石群**，其中软体生物达90%以上。远古时期只有动物骨骼可以成为化石，而肉体不复存在。但澄江特殊的环境却使软体动物成为化石，这个例外本身就是一个科学之谜。

澄江动物化石群形成时间限于100～300万年，在这样短的地质时间内完整记录了动物群突发性的进化过程，展现了寒武纪“生命大爆炸”引发的生命多样性，导致了今天所有动物门或相当于门一等级系统的形成和演化。

因而，有关专家学者认为澄江动物化石群是20世纪世界级的科学发现之一，是揭示寒武纪“生命大爆炸”奥秘独一无二的金钥匙。

中国最古老的猿化石

——禄丰腊玛古猿化石

1976年，在位于禄丰县东北9公里石灰坝村的褐煤层中发现了禄丰古猿化石，在同一地层中还找到云南西瓦古猿化石和大量的哺乳动物化石，生存时代是**800万年前**的早上新世中期。

1980年4月9日，在禄丰又发现了世界上第一具腊玛古猿头骨化石，它是从猿演化到人的中间代表。所以，腊玛古猿又被誉为人类的猿型祖先。它的发现填补了**距今1500万年前**的开远腊玛古猿，到距今170万年左右的元谋人之间的一个重要缺环，对研究人类的起源具有重要的学术价值。

1988年1月，禄丰猿化石被国务院公布为全国文物保护单位。

禄丰腊玛古猿化石

世界恐龙化石最多的地方
——禄丰

1938年，我国著名古生物学家杨钟健等在禄丰县城附近的沙湾村发现了我国最原始完整的恐龙化石。通过系统发掘研究，杨钟健于1939年发表了《禄丰蜥脚类恐龙的初步研究的报告》等论文，引起了国内外古生物学界的重视。禄丰成了举世瞩目的“禄丰龙”化石产地，被誉为“**恐龙之乡**”。

禄丰恐龙化石

经1984年12月，禄丰县文化馆在宋家坡发掘了一条长约6米、高2米多的完整的恐龙化石。这是20世纪60年代以来所发掘的6条恐龙化石中最完整的一条。距今1.6亿年。

1961年，国务院将该地列为古脊椎动物化石保护区。为发展恐龙之乡的旅游业，禄丰县政府引进资金6亿多人民币，在恐龙化石出现地建造了“世界恐龙谷公园”，公园占地一平方公里，有两个大型恐龙馆展区，也有嘉年华娱乐项目，是一个集科考性、观光性、休闲性为一体的公园。

中国最早发现的脊椎动物化石
——头甲鱼化石

云南古鱼类化石十分丰富，为国内外地质学家、古生物学家所瞩目。1937年丁文江、王日伦采自曲靖翠峰山和廖廓山的头甲鱼科化石，是**我国上泥盆统地层中最先发现的脊椎动物化石**。云南已发现的古鱼类化石有近60种。其中，禄丰晚中新世地层发现的鲤鱼，是我国最早发现的鲤鱼化石。

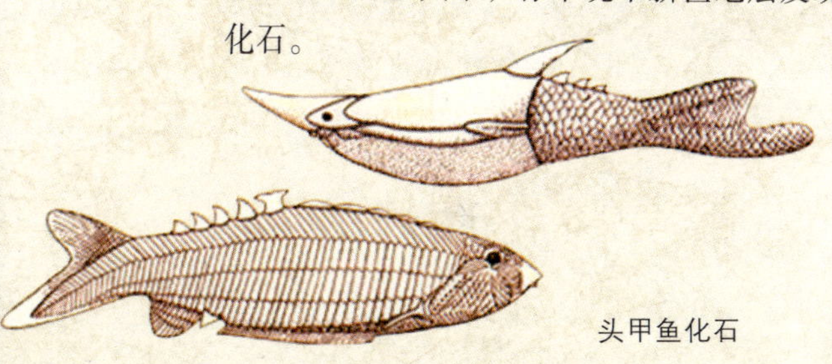
头甲鱼化石

云南隶属中央最早的物证

——滇王之印

公元前109年，汉武帝出兵征讨云南，滇王拱手降汉，汉武帝在其故地设益州郡，封滇王国国王为“滇王”，并赐“滇王之印”。**滇王之印用纯金铸成，金印重90克，印面边长2.4厘米见方**。通高2厘米；蛇纽，蛇首昂起，蛇身盘曲，背有鳞纹。汉武帝赐滇王之印后，对云南实行羁縻统治。

1956年11月，云南省博物馆从晋宁县石寨山古墓群中发掘出这一“滇王之印”。这是云南隶属中央最早的物证。滇王金印的印章形制，根据《汉旧仪》当属列侯的规格，但却是王印，这表明滇王国同西汉中央王朝有着密切的政治关系，是一个具有特殊地位的内臣。

滇王之印

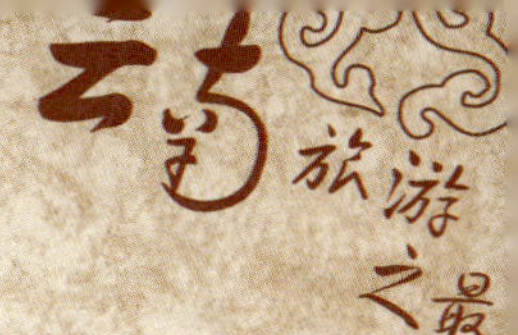

世界最古老的铜鼓

——万家坝铜鼓

楚雄彝族自治州出土有世界最古老的铜鼓七件和珍贵的**青铜编钟一套**。这些铜鼓和编钟是1975年在距楚雄市政府驻地两公里处的万家坝发现的。经专家鉴定，万家坝铜鼓是公元前6至4世纪的铜鼓实物，比晋宁石寨出土的铜鼓还要古老，是**世界上最古老的铜鼓**。对于研究古代1982年全国首次论证会认为楚雄地区为世界铜鼓中心，铜鼓从楚雄地区呈散射状向世界各地流传。楚雄万家坝出土的铜鼓和编钟，冶炼铸造技术，有着重要的科学价值，为研究我国古代云南的文化、音乐提供了依据。

万家坝铜鼓

南诏铁柱

中国最大的铁柱
——南诏铁柱

云南弥渡县城西北部的铁柱庙大殿内，有一棵铁柱，古称南诏铁柱成崖川铁柱，建宁铁柱也称天尊柱，铁柱上刻有“维建极十三年岁次壬辰四月庚子朔十四日癸丑建立”22个字，“建极”是南诏国第十一代五蒙世隆的年号，“十三年”为公元872年，说明铁柱建于这一年。**南诏铁柱高3.3米，柱顶呈三丫漏斗状，圆周1.05米，重约2069公斤，分五节铸成**。这是我国迄今发现的最大的铁柱。

南诏铁柱是唐朝拔除洱海吐蕃的记功柱，也是研究南诏时期云南少数民族宗教和冶炼技术最重要的文物资料，被列为省级重点文物。

最大的铜钟
——金殿铜钟

在金殿后山的望海楼三楼上，高挂着一口纯铜铸的圆形铜钟。此钟高3.5米，口径周长6.7米，钟壁厚约20厘米，重达14吨，**是云南最大的铜钟，在全国居第三位**。此钟上铸的字是“大明永乐二十一年岁在癸卯吉日仲春造。”永乐二十一年是公元1423年，距今已有570多年。这口钟原来是挂在近日楼西南面的城楼——丽正门宣化楼上，1953年拆宣化楼时，被移至状元楼外古幢公园，随后又移至金殿。当时铸造此钟，主要用于报时、报警。大铜钟能传音20里。这口大钟反映了明初云南冶炼铸造水平，特别是铸造工艺的高度发展。

金殿铜钟

石羊文庙孔子铜像

最大的孔子铜像

——石羊文庙孔子铜像

大姚县石羊文庙有尊铜铸孔子像，高2.3米，重2000多公斤，是云南省最大的孔子铜像，**为各地文庙所少见**。

文庙始建于公元1368年，经多次修建，现建筑和孔子铜像保存完好。文庙现存棂星门、大成殿、魁阁、名宦祠、乡贤祠等。

1981年，楚雄州人民政府公布为州级重点文物保护单位。

最大的铜像

——永国寺铜佛像

永平县内有一座博南山，山上有个永国寺，寺内有一尊大铜像，**佛像全身贴金，高6.7米多，重10吨多**，它是云南最大的铜像。相传此铜像是明永历年间所铸。从此铜像看，说明当时云南的冶炼技术已相当高。湖南的虚云和尚步行到永国寺，他在游记中写道：“**此佛像为国中第一，以任何名山古刹，无一处得此伟大庄严之金身**。”虚云和尚朝遍名山，礼尽千佛，对永国寺铜像作这样的评说是有根据的。

中国最早的铜棺
——石头山铜棺

1964年3月，在祥云县大波那村的石头山发现了一具铜棺。**铜棺似干栏式房屋**，呈人字坡顶，棺长2米、宽0.62米，边高0.45米，顶高0.64米。棺顶用两块铜板斗合，棺身用四块铜板斗合，棺底为一块铜板，整个铜棺用7块铜板斗合，可以拆卸。棺盖面布满三角形双线图案，棺身两壁外表铸有鹰、燕、虎、豹、野猪、鹿、马、水鸟等动物图形，整个铜棺达到了铸造与雕刻工艺的统一。

石头山铜棺

1975年，中国科学院考古研究所对这具铜棺进行放射性碳素鉴定，**其年代距今有2350年**的历史，是我国迄今发现的最早的铜棺。

世界最大最重的古币
——嘉靖通宝

《中国文物古迹集萃》一书中介绍："迄今发现最大最重的钱币属江苏省江阴县的咸丰重宝，其直径22厘米，厚1.2厘米，重2.9公斤。"其实，云南省会泽县铅锌矿档案馆保存的明代"**嘉靖通宝**"钱币才是**真正世界上最大最重的金属古钱币**。

嘉靖通宝

"嘉靖通宝"是方孔圆钱，直径57.8厘米，穿径

化石之最
【金属文物之最】
碑碣文物之最
文化工艺之最

10.24厘米，有内外廓，外廓宽3.5厘米，厚3.7厘米，内廓宽窄不等，在3.4至2.4厘米之间，内厚1.12厘米，重41.5公斤，钱面铸“嘉靖通宝”四个字，每字见方17×18厘米，字体魏碑，文对读，背光。该币经会泽铅锌矿质量检验科1990年6月27日取样分析化验，该钱含铜90.81%，铝0.584%，锌0.532%，铁3%。经专家鉴定属纪念性质，当为明代嘉靖时期东川府开始铸钱时，**为纪念天炉而铸**，该币对研究会泽造币史提供了重要的实物资料，具有较高的保存和研究价值。现为国家一级文物。

会泽县因为有此古币而被誉为“中国钱乡”。

世界最大的笑佛
——弥勒佛

弥勒佛位于昆明东南方向140公里处的锦屏山顶上。来到锦屏山风景区，顺登1999石梯，便可观看这里的百年古树、千年梯田，游至山顶，便看到一尊高耸入云，笑口慈开，金光灿烂的巨笑佛。此笑佛由北就千禧龙文化交流公司房雨德设计，**整尊佛由水混钢筋铸成，外层镀24K金**，在阳光下金光闪闪。此笑佛长99.1米，宽24米，高19.99米，在海内外绝无仅有，是世界上最大的笑佛。

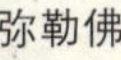

弥勒佛

最早的碑刻

——《爨龙颜碑》

《爨龙颜碑》位于陆良县沙林西部3公里处，碑高3.38米，宽1.46米，厚0.25米，额上部浮雕青龙、白虎和朱雀，左右雕日月、日中有骏马、月中有蟾蜍。碑文体制古茂乃汉代楷隶遗法，刚劲古朴，康有为称“**雄强茂美之神品**”，书法界评为布势如精工画人，下笔如昆刀切玉，被誉为“**南碑瑰宝**”，其书法价值早已名扬国内外。1961年国务院公布为第一批全国重点文物保护单位。

《爨龙颜碑》所书内容对研究南朝时期云南的历史有极其珍贵的史料价值。

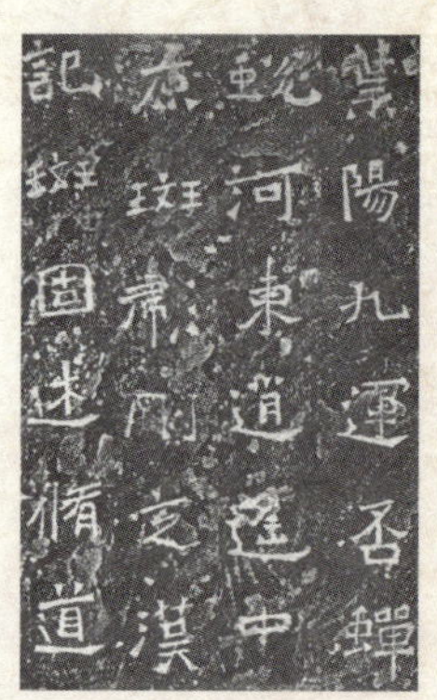

《爨龙颜碑》

最著名的碑碣
——《南诏德化碑》

此碑立于“赞普钟十五年”，即唐代宗大历元年（766年），现存于南诏太和城故址——大理市太和村。碑高约3.02米，宽2.27米，厚0.58米，两面刻字。**碑文作者是南诏国清平官（宰相）郑加**。正文共三千八百余字，内容是记载阁罗凤统一六诏的史实，包括南诏的内部建置改革、城镇建设、农田水利、养马、纺织、采矿及用温泉治病等情况，为后人研究南诏史及其与唐朝关系提供了第一手资料。《南诏德化碑》建立后的第28年，南诏重归于唐，这是西南历史上的重要转折。此外，这块三千八百字的纪功丰碑。词藻斐然，文理通达，一气呵成；书法流利挺拔，潇洒朴茂，**被誉为唐代滇文化的杰作**。

《南诏德化碑》

最著名的博物馆

——云南省博物馆

云南省博物馆，于1951年在昆明圆通寺内筹建，1958年正式成立，1965年由圆通街连云巷迁至昆明市东风西路。现在的博物馆馆址始建于1958年，于1964年完工。它是一座主楼七层、两翼三层的宝塔式建筑，通高约40米。大楼一至三层为展厅，面积共2400平方米。现在，**该馆藏历史文物、革命文物、民族文物以及工艺美术品共5万余件**。在云南历史文物陈列中，有一千余件珍贵文物，主要有距今170万年的元谋猿人牙齿化石，以及晋宁、江川、安宁、昆明、祥云等地发掘的战国至西汉时期的青铜器，其中一部分青铜器，在我国青铜艺术史上占有重要地位。

云南省博物馆

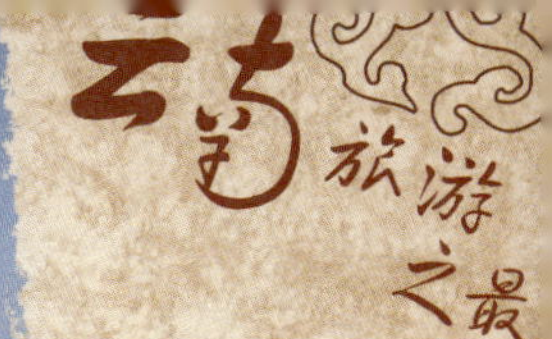

江川县青铜器博物馆

中国创建最早的县级青铜器博物馆
——江川县青铜器博物馆

江川县李家山古墓群是战国末期至东汉初古滇国的重要墓地之一，1972年、1992年，文物工作者先后两次在这里清理了古墓85座，获出土文物3500多件，其中有驰名中外的牛虎铜案、虎牛铜枕、虎牛鹿贮贝器等重要青铜器。

1992年，国家文物局将此墓地列为**全国十大考古新发现之一**。为展示这些珍贵的文物，**1994年文物局在江川县建成了中国第一座青铜器博物馆**，并于1994年10月9日举行了开馆仪式。此博物馆的建立，为研究古滇国政治、经济、军事及文化艺术提供了极其宝贵的实物资料。

中国最著名的少数民族博物馆

——云南民族博物馆

云南民族博物馆位于风景秀丽的昆明海埂国家旅游度假区内，与云南民族村相邻。场馆占地面积13万多平方米，建筑面积6万多平方米。展馆设计采用院落式平面布局穿榫式框架结构，体现了云南各民族民居建筑的不同类型所共有的发展趋势和工艺特点。展馆分为展示区、收藏区和科研办公区。馆内有16个展室，展出面积达6000平方米。还有设施齐全的报告厅、会议室、接待室等。

现展区推出八个专题的陈列展览内容：

一、云南少数民族的社会形态、改革与发展。这个展区共展出26个民族头像，是云南各民族风采的体现。**二、云南民族服饰与纺织工艺。**这个展区的服饰，载现了云南少数民族服饰从树皮到现代盛装的历史轨迹。**三、云南少数民族节日文化与乐器。**这个展区的音乐、舞蹈器具共700余件、图片近400幅。能提供专业人士了解云南各少数民族的音乐状况。**四、云南少数民族民间美术。**所展的吞口面具、神兽偶像、甲马等文物，内容丰富，形式新颖独特，有较强的乡土气息。对促进海内外民族文化交流。将起到不可估量的作用。**五、云南少数民族生态。**所展出的弓、弩、箭、猎枪、猎网、渔捞等工具，是了解云南少数民族生态状况和生产情况的活教材。**六、云南少数民族古籍文献。**所展文献内容丰富、形式独特，揭示了少数民族丰富多彩的文字信息传载形式。**七、云南少数民族民间手工艺品。**所展竹器、土陶品、木器、铜器、

云南民族博物馆

银器、棉织品等手工艺实物1000余件，观赏者可领略到各民族器具的原始美。**八、奇石珍宝展。**所展奇石包括我国奇石分类中的景石、类石、晶石、化石、琼石和禅石六个大类，共1800多件展品，令人大开眼界，平添知识。

全部展览内容，比较系统地展示了云南各民族的物质文化和精神文化，是普及民族学与民俗学知识的课堂，也是**宣传民族历史文化遗产，弘扬民族优秀文化的阵地**。

云南民族博物馆自1995年11月9日建成开馆以来，每天都有许多中外旅游者到此游览。

中国最早最大的乡村图书馆

——和顺图书馆

腾冲县和顺图书馆于1924年由旅缅华侨捐资兴建。建筑群古色古香，藏书达6万多册，辟有6个阅览资料室。其中还有许多孤本、珍本和古籍善本，它免费为当地农民开放，馆匾为廖承志手书。图书馆历来被誉为“**文化之津**”，是全国最大最早的乡级图书馆。也是中国农村举世无双的第一座图书馆。

和顺图书馆

化石之最
金属文物之最
碑碣文物之最
「文化工艺之最」

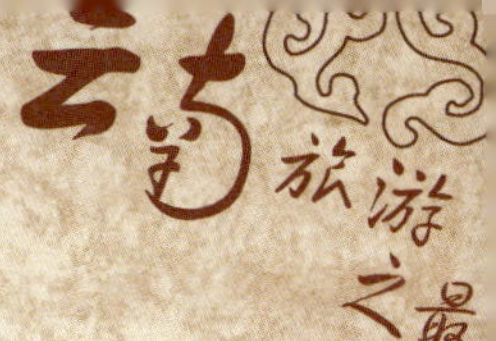

最独特的宗教

——南传上座部佛教

云南少数民族信奉的宗教有佛教、伊斯兰教、基督教和天主教，有些少数民族不久以前还存在着原始宗教。佛教分为大乘、小乘两大教派，其中，小乘佛教即**南传上座部佛教，在中国仅云南独有**，传入云南已1000多年，分布在西双版纳、德宏、思茅、临沧等地，傣族、布朗族、德昂族几乎是全民信仰南传佛教。另有部分佤族也信仰南传佛教。

南传佛教主要流传于东南亚各国。西双版纳傣族对南传佛教的信仰带有民族性、群众性、其佛寺遍及各村寨，每个男性儿童都必须当一个时期的和尚，成人后才有社会地位。

南传上座部佛教寺庙

世界最古老的少数民族象形文字
——东巴文

东巴文是丽江地区纳西族的文字，属于象形表意文字类型，包括象形、会意、指事、形声等字体。文字总数约1600个左右。东巴文字的表意方法主要是用一个字或几个字代表一句话，字句从左至右，自上而下。这种文字大约产生于公元11世纪以前，被誉为“**活着的象形文字**”，是世界上最古老的象形文字之一。

纳西语称巫师为东巴。东巴文字是纳西族古代文化的结晶。用东巴文字写的《东巴经》（约1000多卷），对人类历史、社会、文化、宗教及语言文字的研究具有重要的价值，深受国内外重视。据不完全统计，国内外收藏的用东巴文书写的东巴经书有2万册，1500多种，这是珍贵的文化遗产。近年来，我国已建立了专门的研究机构，美国、德国、英国、日本也先后成立了研究《东巴经》的组织，其学者常到丽江进行实地研究。

东巴舞是东巴文化的内容之一。**用东巴文字写的舞谱，是世界上独一无二的图画象形文字舞谱，也是世界上最早的舞谱之一。**东巴舞大约有300多套，是舞蹈文化的珍贵遗产，其价值不可估量。东巴文、东巴舞被联合国教科文组织定为非物质文化遗产。

东巴文字

演奏纳西古乐

最古老的音乐
——纳西古乐

在丽江县纳西族的音乐文化中，有一种驰名中外的纳西古乐。据考证，这种古乐起源于公元14世纪，它是云南省最为古老的音乐，也是中国或世界最古老的音乐之一。

纳西古乐是纳西族人民在接受以儒道文化为代表的中原文明影响下而创建的艺术结晶。**纳西古乐有三个特点：一是曲目**（音乐）古老，**二是乐器古老，三是演奏的人老，**大部分都是七八十岁的老年人（但近年也有少数青年知识分子热衷于纳西古乐）。听过这种三老古乐的人们不仅会感到纳西古乐的古老和文明，而且还能体味到纳西族文化的博大精深。

纳西古乐虽然古老，但500多年来却久盛不衰。其原因是它庄重典雅，是一种高雅的文化艺术。对此，它不仅深受纳西族人民的喜爱，而且也受到了世界许多国家的青睐。1995年10月，**丽江纳西古乐队应邀赴美国、比利时、荷兰访问演出，一度轰动了西欧，美国、英国、意大利等国，**其广播公司在黄金时间大量播放了丽江纳西古乐；荷兰、日本等国专家或考察团还专程到丽江考察古乐，并著有专著。

中国最大的玉佛

——保山玉卧佛

在保山市卧佛寺，有一尊长1.8丈（约6米）的纯白玉卧佛，**重量达9.5吨**，造型精巧，是中国最大的玉卧佛。保山坝子内，有10多个佛寺供奉着大大小小的释迦牟尼、滴水观音、弥勒、卧佛等50多尊玉佛。数量之多，造型之精巧，**价值之昂贵**，堪称中国的玉佛之最。

保山玉卧佛

世界最好的木雕隔子门

——通海隔子门

云南木雕工艺品甚多，但雕刻艺术价值最高的要数通海县城东约3公里处的小新村隔子门了。隔子门共有六扇，每扇高3.21米，宽0.6米，厚0.07米。隔子门用不会生虫的整块毛椿木镂空，雕三至五层。六扇共雕180个木人，28匹木马，5条木龙，4头木牛，2首木竹叶诗。各扇雕刻内容是：第一扇是九老拜童子和麒麟送孔子开蟠桃会；第二扇是八仙向王母娘庆寿和太上老君倒骑牛；第三扇是赵子龙大战长坂坡和一首木雕竹叶诗；第四扇是三龙捧圣和一首木雕竹叶诗；第五扇是刘备跃马过潭溪和美猴王盗仙果；第六扇是文星楼上三顾茅庐和南海蚌壳喜迎汉钟离、蓝采和开仙桃会。各扇人物、图像均用赤金、银珠土漆混合点缀，色彩鲜明，栩栩如生，生动活泼。游人所见，无不赞叹其精深的雕刻艺术，其艺术之高，可列为世界第一木雕。此木雕的艺术水平，在国内也属罕见。对此，中央电视台曾专程到此拍摄报道。

小新村隔子门雕刻于清光绪十九年，雕刻者高应美、李定帮均为通海县河西人，他们一生从事隔子门的雕刻工艺，其中能够代表他们雕刻艺术水平的就是小新村隔子门，这是他们用了17年的心血雕刻而成的。**此隔子门的工艺高于北京故宫隔子门，可称中国隔子门之最，也是世界隔子门之最**。据说雕凿此隔子门非常艰辛，雕凿工艺费也很昂贵，支付雕凿工艺费用的方式是：用雕凿出来的木渣重量，去换取同等重量的黄金。由此可见它的艺术价值之高。现被国务院列为国家级文物。

通海隔子门

少数民族风情之最

云南是我国少数民族最多的省，是伟大祖国多民族的缩影。据1990年11月20日人口普查统计，云南人口超过5000人的少数民族就有25种，他们是彝族、白族、哈尼族、傣族、壮族、苗族、傈僳族、回族、拉祜族、佤族、纳西族、瑶族、景颇族、藏族、布朗族、布依族、普米族、阿昌族、怒族、基诺族、德昂族、蒙古族、水族、满族、独龙族。其中，有15种少数民族是云南省独有，他们是白族、哈尼族、傣族、傈僳族、佤族、拉祜族、纳西族、景颇族、布朗族、普米族、阿昌族、基诺族、怒族、德昂族、独龙族。其分布地区约占全省总面积的2/3以上。根据有关历史文献记载，早在公元两千多年前，我省各少数民族的先民就以“羌”、“濮”、“越”三大族群的名称活动在辽阔的西南边疆。后经历代不断地迁徙、融合，从语言系属分析，“羌”族群大体为今天藏彝语中的彝族支各族。“濮”族群为佤崩语支各族。“越”族群为壮傣语支各族。

云南各少数民族的发展各有不同，经济、文化、风俗、习惯也各具特点。现将25种少数民族的奇风异俗精华及旅游情趣作如下简介。

民族村大门

世界少数民族民情风俗最集中的景点

——云南民族村

云南25个少数民族的**奇风异俗**既古老又神秘，它吸引着千千万万国内外旅游者。但旅游者来到云南，很难有时间走遍云南，访遍25个少数民族的风土人情。为方便旅游者用最少的时间，了解最多的民族风情，1991年云南省人民政府开始在距昆明市区南部七公里的滇池之滨兴建云南民族村。**云南民族村占地485公顷**，它集云南各民族优秀的人文景点和自然景观为一体，是云南少数民族风情和建筑风格的浓缩，它反映和展示了云南边疆各民族社会生活的环境，为昆明的旅游又增加了一个景点。

云南民族村景区内**水陆交错，清新优雅**，各村寨、景点错落有致，风格迥异，其间有绿荫小径，亭阁回廊，拱桥石阶相衔相接，并与滇池湖滨大道首尾贯通，旅游交通十分方便。

民族村始建于1991年，2008年全部建好云南25个少数民族典型村寨。最具代表性的村寨有：

傣家寨 傣家寨是傣族地区的缩影，占地面积27亩，三面临水，景色秀丽，建筑面积3468.3平方米，主体建筑有七幢竹楼，一座**白塔**。

竹楼是用木料（或竹子）穿在一起，互相连接而成的。竹楼为四方形，夏季四面通风，冬季阳光充足，住此竹楼具有夏凉、防潮、防水、防震的特点。楼下做牲畜厩、仓房、粮食加工、堆放杂物、存放农具和交通工具等之用；楼上住人，傣族有上楼脱鞋，勤于洗脚的习惯，一上楼后边是卧室，中间是客厅，厅外有凉台。

竹楼上的卧室是秘室，外人（客人）不得窥视和入内，因为他们认为自己的灵魂和家神住在卧室，外人来了会打扰家神，摄走灵魂。

客人来傣家寨，若要留宿只能睡在客厅，睡时还须脚朝大门，意为他要离开这个家的，也蕴涵着对主人的尊敬之意。

傣家的饭桌一半在草席上，一半在地上。草席是供长辈和有身份的人坐的，如有和尚来，也要让座于草席上，其他人围坐而食。

白塔是傣族寨最雄伟的建筑，它是仿照德宏州盈江县见燕塔的形状，以1:0.9的比例建造而成的，占地400平方米，主塔高23.6米，四周有40个小塔，小塔下还设有佛龛，内供释迦牟尼佛像，白塔也是佛教徒进行祭礼活动的主要场所。

民族村傣家寨

白族村 白族村占地面积62.55亩，建筑面积4331平方米，人工洱海湖39.63亩。主要建筑有“三坊一照壁”、“四合五天井”和三塔等。它是白族文化和风情的缩影。游人身临其境，仿佛置身于苍山脚下。

“**三坊一照壁**”的建筑，是最具代表性的白族建筑，它讲究四平八稳，庄重对称，院内建有坐东朝西的照壁，壁下设花台，照壁对面是正堂，左右两边是厢房，中间是天井，故称三坊一照壁。照壁正对面的是正房，正房有三间，中间是客厅，东面一间是老人卧室，西面一间是长子房。

“**四合五天井**”由正堂和厢房组成四合院，四个角各有一个天井，院中央又有一个天井，共有五个天井。四合五天井，现为白族艺术馆。

纳西族村 纳西族村占地面积19.8公顷，造型以纳西圣地——白水台及泸沽湖的迷人风光为主。村寨入口的三尊神像和西面大型浮雕表现出强烈鲜明的东巴文化气氛。纳西村集山、水、建筑与绿化为一体，展现了丽江地区家家流水、户户垂杨的恬静民居特色。

来到“泸沽湖”边，可以看到全部用原木建成的风格古拙质朴的木楞房——摩梭人之家。老祖母房、经堂、男儿房、姑娘房和阿夏房保留了母系氏族制形态摩梭人生活、宗教信仰及婚姻的缩影。

民族打跳广场 在民族村的中心区，风味食品城对面，位于哈尼寨与彝族村寨之间的“民族打跳广场”是云南各少数民族欢庆节日，广贺丰年，描绘生活、抒发情感的一种典型的活动场所。可溶纳近万人举行参与性的民族打跳及各类民族庆典活动。

“民族打跳广场”的整体造型为圆形，用云南特有的优质石

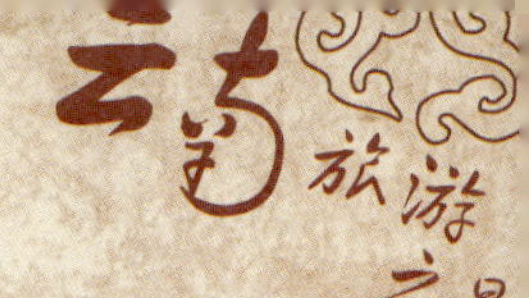

材镶砌而成，直径达90米，气势恢弘。中央为一个大圆，似一轮皓月，大圆的周边环绕着七个直径为10米的圆台，象征北斗七星，喻“七星伴月”之意，着意体现云南各少数民族对日月星辰的崇拜。

周边的圆台上分别竖立着六组具有云南浓郁民族特色的大型民族乐器雕塑，突出地展现了云南作为民族乐器王国、民族音乐宝库深厚的民族文化底蕴。

广场的外围耸立着两圈28根红色大立柱，柱柱相连，四周簇拥着片片苍翠葱郁、情趣盎然的园艺绿化，绿树红柱，相映成趣，浑然一体，充满了生机与活力。象征着云南各民族人民扎根红土高原，团结奋发、蓬勃向上的精神风貌。

民族村内白族民居

人口最多的少数民族

——彝族

云南有25个少数民族，据云南省民族委员会2005年统计，在25个少数民族中，人口超过百万以上的有**彝族4054177人**、白族339056人、哈尼族1248106人、傣族1014318人、壮族1003901人。其中彝族人口居云南少数民族人口之首。

彝族

人口最少的少数民族

——独龙族

在云南25个少数民族中，独龙族人口最少，1990年人口统计有**5100人**。90%以上的独龙族人居住在怒江傈僳族自治州贡山独龙族怒族自治县的独龙江两岸，约有10%左右的独龙人散居在贡山县北部的怒江两岸。

独龙族因居住在独龙江而得名。族名于1953年正式定名。独龙族有自己的语言，属汉藏语系藏缅语族，是该语族中保留早期面貌较多的一种语言，具有一定的学术研究价值。由于没有文字，**木刻和结绳曾是唯一的信息传递方式**。

独龙族文面女人

1949年前，独龙族还停留在原始社会的父系氏族公社解体阶段。“火烧地”、“水冬瓜树地”（旱地）的耕作是农业生产的主要方式，采用刀耕火种的粗放耕作，耕作一二年后即丢荒轮歇，以竹绳、木棍点种，铁锄是后来传入的工具。采集和打猎也占重要地位，打的猎物按原始的平均主义原则共同分享。

独龙族人习惯在海拔2000米以下的河岩或地坡上建房居住。每个村寨小至一二户，大则三十户。**独龙族的婚姻以对偶婚为主要形式**，甲氏族的一群兄弟与乙氏族的一群姐妹可以同时或先后结成配偶，而乙氏族的男子只能取甲氏族以外的女子为妻。现在转房制、一夫多妻制等婚俗已消夫。独龙族青年男女结婚时，要喝同心酒，祝愿白头到老、永不分离。

独龙族衣着简单，男女均以自织的黑白条纹或彩条麻布（独龙毯）披裹，自左肩腋下拉向右肩打结，白天当衣夜当被。

独龙族男女多散发、赤足、戴铜耳环。男子喜挎弩弓、腰刀。独龙族妇女有文面的习俗，女子到了十二三岁就要文面。从事文面的妇女将三四根刺捆在一起，在前额、双颊、鼻子及下颚刺上各种图案的花纹，再涂上锅烟和蓝色料球研末混合成的油膏，使其浸入皮肤，复原后即呈现出蓝黑色花纹。**妇女们皆以文面为美**。现在文面习俗已消失了，只有六七十岁的老年妇女脸上还可以找到它的痕迹。

独龙族每年腊月择吉日过“卡雀哇”年，这是他们唯一的节日。过年时，剽牛祭天是对天的顶礼膜拜，又是劳作一年后聚会活动，具有宗教和文化的双重色彩，人们敲起铓锣，跳“牛锅庄”舞，庆祝和祈求幸福的降临。

蜂岩洞村

世界人居时间最长的洞穴
——蜂岩洞村

在21世纪的今天，一个人或几个人长期以洞为居不奇怪，但一个村的村民祖祖辈辈以一个山洞为居实为怪村。

在距广南县城150公里的屏镇安王办事处有一个蜂岩洞村，全村56户（约300人）长期居住在一个半山腰间的有7000多平方米的大岩洞中。洞中几十间无顶房屋错落有致，站在最高处家家户户“财产”一览无余。多少年来，洞中居民之间和睦相处，相安无事，由于这个村的村民居住环境奇特，被人们誉为“中国现代第一村”或“中国最怪的村”。2008年3月，世界教科文组织评定蜂岩洞为世界人居时间最长的洞穴。

蜂岩洞村在相当长的时间内不被外地人所知，1991年初，当地新闻报道了该洞奇景，引发了国内外有关人士极大的兴趣，不少新闻记者前来采访，一些地理、历史和人类学者不畏山路崎岖前往考察。由于外地人、外国人的介入，促使这封闭的洞门打开了。

1995年底，在省、州有关部门的关心支持下，封闭的蜂岩洞村有了一条修至洞口的简易公路，洞内也通了电，有了照明。路通电通不仅给村民生产生活带来了方便，也招来了更多的游客探秘观光。

现在随着生活水平的提高，很多居住在岩洞中的村民，都搬迁到洞外建房居住。

影响面最大的节日

——傣族泼水节

云南各少数民族都有自己的节日，其节日约400多个，然而影响面最大、参加人数最多的当数傣族泼水节。

关于泼水节的来历，传说生动：很久以前，在傣族聚居的地区出现一个残暴的魔王，他无恶不作，到处烧杀抢劫，奸污妇女……人们受尽了他的残害，对他恨之入骨，可是谁也无法杀死他。魔王已有11个妻子，可他仍不满足，又抢来一个美丽聪明的姑娘。这个姑娘心里恨透了魔王，可表面却不露声色，装着与魔王十分要好。一天夜里，魔王从外面抢回来许多财宝

傣族泼水节

和奴仆，她趁魔王高兴不备时试探问清了用魔王头发可勒死魔王的秘密。于是，夜深人静，趁魔王睡着的时候，姑娘悄悄地拔下了魔王的一根头发，勒住魔王的脖子。顷刻间，魔王的头便滚在地下。但是，魔王的头滚到哪里，哪里便发生灾难，抛到河里，河水泛滥成灾；埋在地下，到处臭气冲天，只有魔王的妻子抱着才平安无事。为免除灾难，姑娘们便轮流抱着魔王的头，一人抱一天。天上一天，等于地上一年，每年姑娘们轮换的日子，即清明节后第7天，傣族人民怀着对姑娘们敬佩的心情，给姑娘们泼一次清水，作为洗污净身的一种祝福。泼水节就这样流传下来。

其实，**泼水节为傣族的新年**，它起源于印度，曾经是婆罗门教的一种宗教仪式。其后为佛教所吸收，经缅甸传入云南傣族地区。时间约在13世纪末至14世纪初，距今约700年，随着南传上座部佛教在傣族地区影响的增大，泼水节的习俗也日益广泛。

泼水节一般在阳历4月13日至15日这三天，到了节日，傣族男女老少就穿上节日盛装，挑着清水，先到佛寺浴佛，然后就开始互相泼水，你泼我，我泼你，它象征着吉祥、幸福、健康；青年人手里明亮晶莹的水珠，还象征着甜蜜的爱情。

泼水节的内容，除泼水外，还有赛龙舟、斗鸡、跳孔雀舞、丢包、放高升、放孔明灯等活动。

每年到过泼水节的时候，数以万千的中外旅游者便纷纷云集云南西双版纳、瑞丽等傣族地区，参加傣族泼水节。年复一年，参加的旅游者越来越多、泼水节规模越来越大。1961年4月13日，周恩来总理也曾参加过西双版纳的泼水节。从此以后，傣族泼水节更加名扬四海。

最大的物资交流盛会

——白族三月街

云南大理三月街，相传已有一千多年的历史。**每年农历三月十五日开始历时一周左右的三月街**，不仅是大理白族人民的物资交流盛会，而且是白族人民一年一度欢聚的节日。三月街每年都按时在苍山东麓、大理城西举行。这期间，“**诸商云集，环货山积**”，各族人民都要把最好的工艺品、土特产品拿到三月街上出售，把最优秀的文艺节目搬到三月街上演出，选最好的骑手参加赛马。

随着商品经济的发展，三月街的规模越来越大。其内容也更加丰富多彩：有二十多个省、市、自治区及几十个国家的外国友人参加这一盛会，会期人数超过一百万，贸易总额近千万。如此规模的少数民族物资交流盛会，在云南或全国亦属少见。

三月街上的演出

三月街演出

最惊险的少数民族节日

——傈僳族刀杆节（上刀山、下火海）

居住在云南保山地区腾冲、龙陵县的傈僳族，性格粗犷豪爽，每到**农历二月初七**便举行惊险的刀杆节。

二月初七这天，腾冲古永、瑞滇、明光的傈僳族男女不约而同，云集在轮马、胆扎等地，他们一个个沐浴净身，穿戴一新。夜幕降临，山寨平地中燃起一堆巨大的篝火，当篝火熊熊燃烧时，男女老少便围着篝火，情不自禁地跳起古老的民族舞来。待篝火燃尽，篝火堆上形成了一个炭火红红的火塘，这时，刀杆节的第一个节目“**下火海**”便开始了，只见精壮的傈僳族汉子们，**光着脚**，穿着黄衣黄裤出现在人前，他们豪饮数杯酒便闪身**跃入300摄氏度的炭火之中**。顿时，无数火星缤纷四溅，令人叫绝，让人眼花缭乱，惊讶不已。表演完毕，只见表演者一个个安然无恙，无一人被高热灼伤。

次日中午，刀杆节第二个项目“**上刀山**”便开始了。众目之下，竖起一根高约五层楼的青冈栗木，栗木上一把把户撒刀锋刃向上，寒光闪闪，形成一架高得叫人望而生畏的**72层刀梯**。上刀山仪式开始，几个傈僳汉子神情豪迈地奔出，一齐跪倒在一幅古代武将（据说是明朝兵部尚书王骥）的画像前，然后双手举杯过头，

上刀山

口中念念有词，接着他们将酒一饮而光，然后一个个**赤脚**踏着锋利的刀口向上爬，当**爬过72层刀梯**到顶部时，人群中顿时响起一片喝彩声。

到达顶部的英雄们，点燃鞭炮，宣告自己攀登成功，又把一面面小红旗掷向四面八方，祝愿傈僳儿女大吉大利。然后，他们又从容地脚踩锋利的刀刃，一台台次第而下，待他们平安站立在草坪上时，人们看到，他们一个个神情自若，皮肉无一损伤。

下火海

中国人数最多的少数民族舞会

——景颇族的目脑纵歌

云南很多少数民族都有举行舞会的习俗，但最为隆重的，规模最大的当数景颇族的目脑纵歌。**“目脑纵歌”是景颇语的音译，意思是歌舞盛会或大伙跳舞。**目脑纵歌是景颇族用来驱恶扬善、祝颂吉祥如意、欢庆丰收的传统节日，也是景颇族最为隆重的节日。

中国有12万景颇族，其中云南陇川县有4.7万人，这是中国景颇族人数最多、最集中或景颇族民族文化最浓烈的地方。是

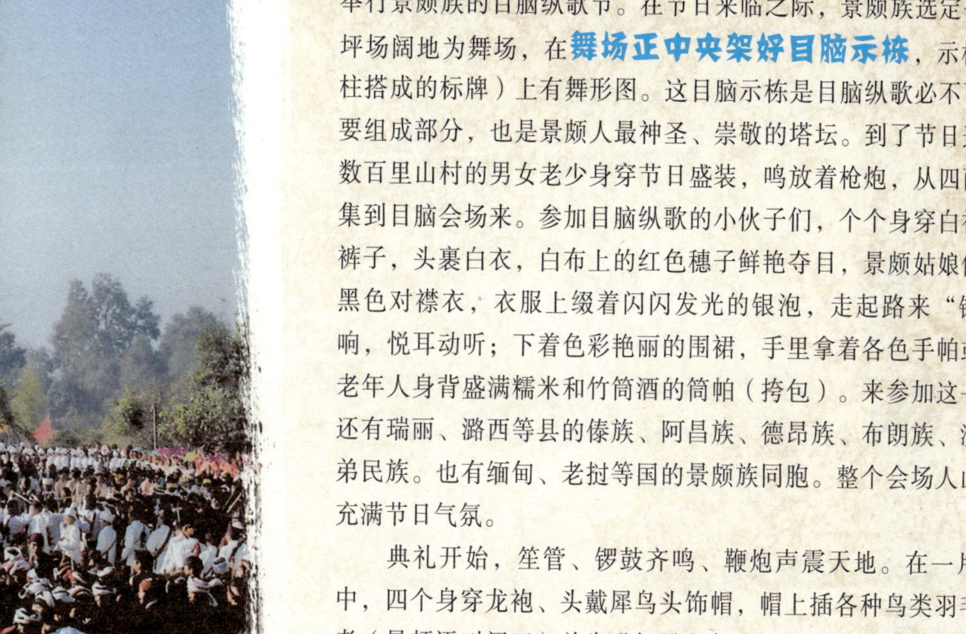

中国的目脑纵歌之乡。每年农历正月十五日至十七日都要在陇川县举行景颇族的目脑纵歌节。在节日来临之际，景颇族选定一块天然坪场阔地为舞场，在**舞场正中央架好目脑示栋**，示栋（用木柱搭成的标牌）上有舞形图。这目脑示栋是目脑纵歌必不可少的重要组成部分，也是景颇人最神圣、崇敬的塔坛。到了节日这一天，数百里山村的男女老少身穿节日盛装，鸣放着枪炮，从四面八方汇集到目脑会场来。参加目脑纵歌的小伙子们，个个身穿白衬衣、黑裤子，头裹白衣，白布上的红色穗子鲜艳夺目，景颇姑娘们上身穿黑色对襟衣，衣服上缀着闪闪发光的银泡，走起路来“铮铮”作响，悦耳动听；下着色彩艳丽的围裙，手里拿着各色手帕或花环。老年人身背盛满糯米和竹筒酒的筒帕（挎包）。来参加这一盛会的还有瑞丽、潞西等县的傣族、阿昌族、德昂族、布朗族、汉族等兄弟民族。也有缅甸、老挝等国的景颇族同胞。整个会场人山人海，充满节日气氛。

陇川县目脑纵歌

典礼开始，笙管、锣鼓齐鸣、鞭炮声震天地。在一片欢乐声中，四个身穿龙袍、头戴犀鸟头饰帽，帽上插各种鸟类羽毛的领舞者（景颇语叫闹双）首先进场跳起舞来，他们的职责是领着成千上万的各族群众按规定的线路进行跳舞。此时，舞会开始进入高潮，舞场上鼓乐齐鸣，气势壮阔；歌舞相谐，节奏明快。此时此刻，跟随着领舞者跳舞的景颇族男人，手挥动着一米左右长的亮闪闪的长刀或火药枪，妇女手里舞动着扇子、花环和花手帕，伴随着高亢的旋律，高呼着“哦啦！哦啦”的声音跳遍整个舞场。舞队越跳越大，大到成千上万，**最多时有10多万人，算得上是中国人数最多的少数民族舞会。**

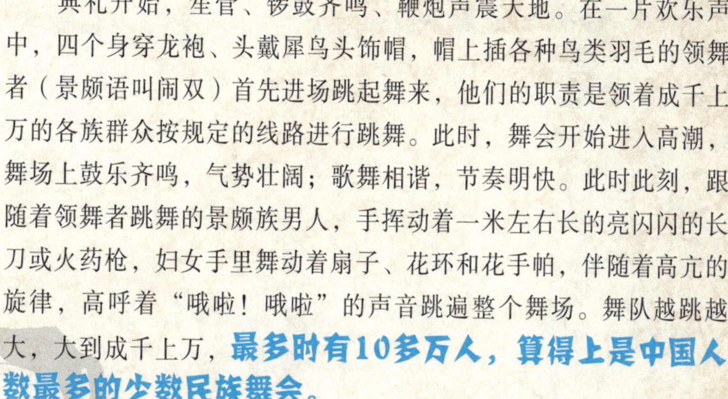

参加跳舞的人虽然多，但舞队变化有序；舞步刚健不乱。整个舞队似一条长龙在移动。这样的活动，要举行三天三夜。

目脑纵歌节于2005年被定为国家级非物质文化遗产。为方便游客从时间上参加体验目脑纵歌，陇川县政府在每年春节黄金周期间都组织目脑纵歌活动，参加此活动的中外游客成千上万。

中国最狂野的少数民族节日

——佤族“摸你黑”

在云南省沧源县原始森林中，有一个翁丁寨，**这是中国最后一个原始部落**——佤族村寨。这里有中国最古老而保存最完好的佤族部落文化。说到佤族人的文化特征，主要有以下五点：①佤族人把精神生活看得比物质生活更重要，他们的生活幸福指数很高。为此，他们对人真诚豪放，为人豪爽。②佤族是一个能歌喜舞的民族，所有的佤族人都会跳木鼓通天舞，所有的佤族女人，都会跳甩发狂舞，所有的佤族人都会唱歌，反映佤族生活的《阿佤人民唱新歌》是沧源佤族自治县的县歌。③佤族是一个喜欢喝酒的民族，如果你想给佤族人送礼的话最好送酒，白酒、红酒、啤酒都行，只要你与佤族人同喝酒，你就会成为佤族人的朋友。佤族人不仅喜欢喝酒，还善于祝酒。一杯酒盛满，主人躬身将酒从你的脚边慢举升至你的嘴边，再加深情的祝酒歌，让你无法拒绝。④佤族人喜欢黑色，以黑色为美。佤族人脸上的五官长得很好，身材也很美，皮肤是棕黑色的，牙齿也染黑，衣服也以黑色为基调，是名副其实的黑美人。佤族人认为黑是勤劳的象征，也是健康的象征。⑤佤族是一个信仰神的民族，认为神主宰佤族人的衣、食、住、行、生、老、病、死，所以族人常有祭天神、祭地神、祭山神的祭事活动。

佤族人最为隆重、最为狂野的节日是“摸你黑”。传说佤族人为了寻求生命永恒，一直寻找神奇的不死之草，他们把找来的**神奇草磨成药泥**，互相摸在对方脸上，表示祝福，希望被药泥所涂的人百病不侵，健康长寿。经医学家检验，他们的神奇草——**娘布洛药泥**，有消暑、美容、养颜的奇效。佤族人认为把这种药泥摸在姑娘脸上，姑娘会更漂亮；摸在小伙子脸上，小伙子会更健壮；摸在小孩脸

沧源摸你黑节

上，小孩会平安吉祥；摸在老人脸上，老人会健康长寿；摸在朋友脸上，朋友友谊会天长地久。**谁被摸的越多，谁就越幸福**……

原来的“摸你黑”只限本地少数民族，在“摸你黑”节日里，佤族人豪放、狂野、能歌善舞，黑色健康的特点得到了充分的凸现。自2009年媒体报道佤族的“摸你黑”节日后，每年5月1日至4日，成千上万的昆明人、省外人、外国人纷纷到云南沧源参加“摸你黑”。男人、女人、中国人、外国人，大家互相摸脸、摸全身，从头到脚，一个个被摸成泥人。大家在互摸中追逐狂野，互摸中欢笑祝福，互摸中交友恋爱……

在“摸你黑”节日里，还有佤族的剽牛、祭牛魂、篝火晚会等活动。

最有名的火把节

——彝族火把节

云南的彝族、白族、纳西族、哈尼族、傈僳族、拉祜族、普米族等少数民族都有共同的节日——火把节。彝族火把节人数最多、规模最大、知名度最高。同时也是彝族人民最隆重的节日。

火把节古代又称"星回节"。关于星回节的起源，其说法各不相同：纳西族是为纪念一位保护人间五谷丰收而牺牲的天将；傈僳族是为欢迎诸葛亮南征而点燃火把前去驱散前进路上的瘴气，赶走猛兽；彝族是为除虫害、庆丰收；彝族支系撒尼人则是为庆贺撒尼英雄用羊角火烧死欺压撒尼人的魔王。

每年**农历六月二十四日至二十五日**（阳历7月26日~27日），彝族人民都要穿上节日盛装。弹着月琴、大三弦、吹着芦笙来参加火把节。

火把节的内容程序是：**白天人们饮酒祝贺**节日并进行**摔跤、斗牛活动**。武定县、禄劝县等地的彝族还开展射箭、赛马、打秋千等活动。到了晚上日落夜黑，家家户户的大人小孩就把事先做好的长约2米、直径约20~30厘米的干松柱火把点燃。人们高举火把汇集在村头、寨边或广场上，然后在松林、田间奔驰，表示驱除虫害邪恶，以求丰收幸福。

每年逢火把节的晚上，从昆明到路南县（今石林县）石林风景区的中外游客有数万人至十几万人，每个人手持火把，与彝族人民汇集在石林风景区，把整个大地照得通红，形成灿烂耀目的**火海**。为给旅游者助兴，当地政府还在石林风景区组织放礼花，整个夜空五彩缤纷，使观者目不暇接。

彝族火把节

在火把节活动中，彝族人民还把火把架在一起，举行篝火晚会。在篝火旁，彝族青年男子吹起笛子、弹起动听的月琴和大三弦，边弹边舞；姑娘们也合着拍跳起优美的舞步，拍掌跳转，节奏强烈而情绪欢快。有时一直跳到天明。

最有名的斗牛节
——苗族斗牛会

在云南省很多苗家山寨都有一个盛大的斗牛节日，它是苗族最大的喜庆节日。

斗牛会场一般设在四周有茂密森林的平坦草地上，届时，各苗家山寨人民穿上节日盛装，唱着山歌，牵着一条条斗牛蜂拥而来。

斗牛开始，人们把参加比武的斗牛一齐放进斗牛场，顿时，几十条斗牛狂怒着，寻找对手，互相顶斗。斗败者拔腿就跑，胜者紧紧猛追，直到败者逃出战场，逃入人群，胜者又才返回斗场内再次寻找对手。第一回合的失败者都逃走了，胜者间又一次展开恶战，失败者又逃走，第三轮胜利者之间又展开格斗，直到最后剩下一对。这是斗牛中最精彩的决斗。此时两牛实力相当，一个回合比一个回合更凶猛，恶战一次比一次更激烈，有的一直斗数小时不分胜负，**这不仅是比力气的决斗，也是比斗技的决斗**。它们互相寻找对方薄弱处和致命处，勇猛冲杀，两对牛角互相碰击，震耳欲聋；有时它们头顶头，相持数十分钟，肌肉崩得几乎要爆裂；有时格斗直到日落，直至其中一条牛败下阵来逃走方休。得胜者昂首在场中，主持人给它戴上大红花，由它的主人牵着绕场一圈，观众纷纷喂给它染红的鸡蛋和节日的饭菜，向它身上撒去无数的鲜花。

晚上，人们就在斗牛场上燃起篝火，青年男子吹起芦笙，姑娘们翩翩起舞，老年人讲述着古老的传说故事，人们通宵达旦地欢庆着。

斗牛会

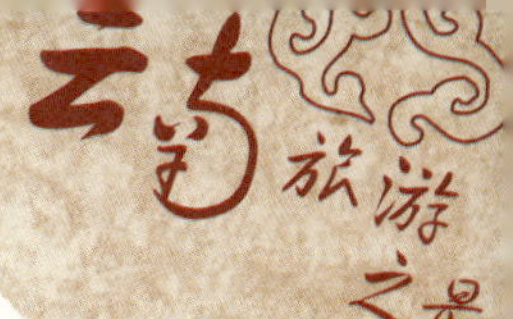

中国最长的宴席
——红河长街宴

红河县因红河流经县境而得名。红河县是云南省有名的棕榈乡（有12万亩棕榈，棕产品居全国第一）、侨乡（云南第二侨乡县）、歌舞之乡、梯田之乡（有16万亩梯田，是云南第二梯田县），但在旅游者心目中，红河县最有名的是**哈尼族的十月年长街宴**。在红河县东南方向37公里处有个甲寅乡，这里居住着1000多户，5000多哈尼族、彝族、傣族、汉族、瑶族。根据哈尼族的历法，这是每年农历十月的第一个属龙日至属猴日（阳历约是10月20日～26日），是哈尼族辞旧迎新的盛大节日——扎特特。每逢此节，甲寅乡各村、各寨、各民族均穿上新衣服，唱着山歌，带着备好的美酒佳肴，爬过高山丛林，穿过云海梯田汇

红河长街宴

集到甲寅乡大寨（全国哈尼第一大寨）参加一年一度的长街宴。

下午两点，长街宴开始摆桌，龙头（寨主）桌摆在甲寅水井处，龙头桌左右两边顺街而摆，街心并非平直，有坡有弯，餐桌依坡而上，依弯而拐，一桌连一桌，首尾相连，意为各民族一条心，一股劲。**700多桌宴席**形成一条长约**1.5公里长的街心宴**，这就是中国最长的长街宴，它改写了元阳700米长街宴的中国之最历史。

下午三点，各家各户把自己备好的猪牛鱼肉、树花、炸花生米、炸核桃米、豆腐圆子，蒸红色、绿色、紫色、白色糯米饭、包谷酒、红河焖锅酒等美味佳肴摆在自家的方桌上。全家人同桌而坐，外来的昆明人、外省人、外国人可随意而坐，人们纷纷让坐，拉你入席，盛情招待。

下午四点，当龙头宣布宴席开始时，整条长街宴吆喝饮酒，互相祝愿村寨安康、幸福吉祥。在浓烈的民族气氛中，每个参加长街宴的人都会豪性怒放，大碗吃菜，大杯喝酒，气氛热烈。在席间，不同民族不同文艺队沿长街宴展示自己的牛角声、竹竿舞、耍龙、唱歌等节目。各个民族的节日争艳斗鸣、争热斗闹，锣喜喧天，把热烈喜气推向一个个高潮。下午7点，日落幕至时，龙头宣布结束才逐渐安静下来。这种淳朴、热烈、团结的长街宴，**一直要持续六天**。

长

最有民族特色的礼节

——基诺族的成人礼

基诺族很重视成人礼，女孩子到了16岁那天，她的围裙就换成夹层的，发式也要改变成一条独辫，这样才可以背筒帕（挎包）。男孩子满16岁的那天，必须把帽子换成包头，父母还送他一个绣着彩色图案的筒帕。从此，他们才正式成为村社成员，享有恋爱的权利。

举行过成年礼的青年，必须参加一种社会性的青年组织，组织里有一定的村社法规：要团结互助；串姑娘时对竹楼里的老人要尊敬；在大家集中的地方不讲脏话等。经过成年礼和参加组织后，青年们便取得了谈恋爱和到男女聚会场所去玩的资格。

基诺族成人标志——戴帽

最猎奇的民族节日

——摸奶节

云南省楚雄州双柏县鄂嘉镇，一千多年来一直保留着彝族的“摸奶节”。每年阴历七月十四、十五、十六日（阳历时间大约为8月20日、21日、22日），是中国民间传统的七月半送鬼节。但对于这里的彝族人来说，**送鬼节（赶鬼街）也是他们传统的“摸奶节”**。这是为什么呢?

传说隋朝年间，连年征战，许多青年连女人都没有摸过就战死沙场，如果得不到祭祀，死者不散的怨气就会给这里的彝族人带来灾难。祭祀时亡魂们有个最强的要求，要找没有被男人摸过奶的女子到阴间去做老婆，被男人摸过奶的女子不要。姑娘们为了不去阴间当鬼老婆，只有在过鬼节的这几天到**鬼街上任由男人摸。**鬼街上，青年男女们围成一个个圈子，互相追逐戏闹，跳着、笑着、唱着、摸着谈情跳舞狂欢，把小镇闹得天翻地覆。对于认识和不认识的姑娘，小伙子都可以去摸。在戏闹中，姑娘们表面躲躲闪闪，但绝无责怪之意。**小伙子们以摸到各种造形、各种颜色的奶为吉祥如意，姑娘们以被摸到奶为吉利。**这种摸奶节，可算世界最猎奇的民族节日。

摸奶节起源于双柏县鄂嘉镇，以此为中心，范围逐步扩大至邻近的新平县、普洱县、景东等县。近年来，每到摸奶节时，有不少省内外、国内外的朋友来参加，三天的总游客可达两三万人。

这里的摸奶节自古有之，但由于交通不便和不对外宣传，很少有人知道。近年来，随着交通条件的改善和人们的相互传说，知道的人越来越多。特别是2008年8月22日云南信息报第一次刊登了摸奶节奇闻后，知道和好奇的人更多。摸奶节是客观存在的，但对宣传存在异议：持宣传态度的人认为，若要经济翻两翻，要充分利用胸前“两座山”，宣传和打造摸奶节旅游品牌，有利于让游客把外面先进的思想文化带到小镇来，有利于促进经济的发展，有利于广大农户增收；持异议态度的人认为，摸奶节是一种陋习，不应宣传。

摸奶节

最奇特的恋爱场所

——姑娘房

云南楚雄彝族山区的青年，谈恋爱有规定的场所即姑娘房。**姑娘长到十六七岁时，就要离开父母**，搬到姑娘房去住，白天回家干活，晚上就在姑娘房织麻纺线，挑花绣朵。有小伙子来相会时，陪坐谈天。如男女双方有好感，可同床谈情，但不得脱衣越轨。楚雄彝族认为在家中谈情说爱是不礼貌的，必须在姑娘房进行。

姑娘房是相亲的场所。姑娘赶歌会去了，母亲必须煮好招待未来女婿的饭菜。青年们在歌会上互相认识后，如果男方中意，很快就派人来提亲；若是男方在短期内没有动静，那就算吹了男方提亲，女方可以拒绝。无论哪方不愿意，都只有等到下一次歌会上再另作选择。

按照风俗，适龄女青年参加歌会必须领一个小伙子回家，才算有本事。同样，男青年参加歌会也以被姑娘约走为荣。倘若一个人去，一个人回，全家都不愉快，旁人也看不起他。

姑娘房

最有趣的情书

——鲜花

云南西双版纳的哈尼族青年男女，**常把鲜花当做情书来传递**。他们忌讳在长辈或姑嫂面前玩弄花朵。

青年男女在谈情说爱时，采取的是一种隐晦的方式。男青年看上了女青年，为了试探对方的态度，先送一束鲜花给她。姑娘接到鲜花后先是嫣然一笑，然后根据自己的决断，又送回一束鲜花给男青年。如果自己还没有朋友，就送回单数的花朵，表示大家可以互相了解、接触；若是有了朋友或是不喜欢，就送回双数，表示谢绝。他们用以传“书”带“信”的鲜花是红色或黄色，扎花的线要用黑色。

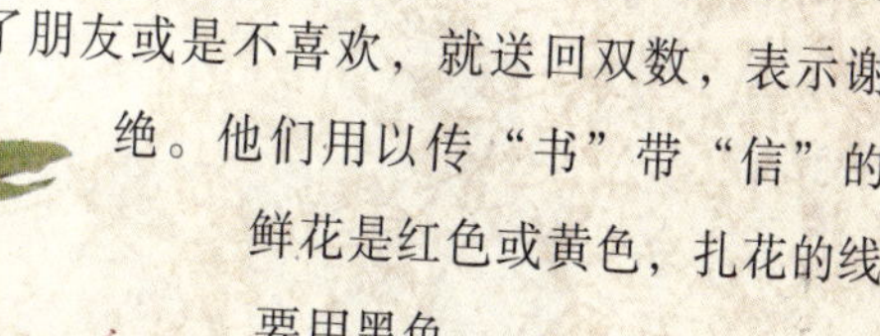

鲜花

最古老的情书

——来苏

云南傈僳族仍留着古老的婚姻习俗，男女青年往往通过以物代信的“来苏”往来信息，谈情说爱。

当一个小伙子爱上一个姑娘后，就用一张**白纸**或**芭蕉叶**包上一样长短的茅草两小截、完整的**大蒜**一个，**槟榔**或**草烟**一撮，再加嫩绿的**树叶**两小片，面对面合在一起包住，并用**红线**扎好，送给他爱着的姑娘。这就是情书——来苏。它的意义非常丰富、有趣：两根同样长短的茅草，表示双方各方面都差不多，我在许多姑娘中选上了你；完整的大蒜，表示以后两人要相亲相爱，永不分离；槟榔或草烟表示我的心热辣辣地爱着你，想把你含在口中；绿叶表示但愿我俩相好结婚；外面用红线捆扎表示希望两人相爱像火一样热烈。

当姑娘接到小伙子送来的“情书”后，若是同意就把槟榔、草烟嚼吃了，也回一封同样的“情书”，并加上芫荽，外面用白线扎起来。芫荽表示愿和你相好；白线表示自己清清白白。若不同意，就把相合的树叶翻过来背靠背，再加木炭一块。如果完全拒绝，那就再加上一截辣子、槟榔、草烟也要原物退还。小伙子接到这样的回“信”后，就不再追求这个姑娘了。

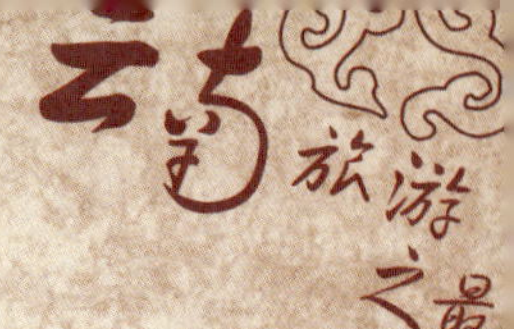

最委婉的说亲方式

——讨谷种

云南西盟山佤族青年的求婚方式含蓄幽默、生动有趣，与众不同。

如果男青年爱上了某个姑娘，便请谋人去姑娘家提亲。媒人先独自一人来到姑娘家，把男青年的**人品**、**家境**，一一向姑娘的父母作详细介绍，然后告辞而去。

第二天，媒人带着男青年到姑娘家正式求婚。待吃过水酒后，媒人便以试探的口气对姑娘的父母说：“**听说你家的谷种很好，我们想讨回去种！**”姑娘的父母若是满意这个男青年，就谦逊地说：“我家谷种是有，但是不好。不知合不合你们的意？”这时洗耳恭听的男青年，立即高兴地回答：“**我们家土地肥沃，谷种撒下会长好的。**”这样，对于局外人来说，他们好似在“说东道西”，实际上亲事已定。

若是女方父母不同意，他们便会推辞：“**我家谷种不好，你到别家去讨吧！**”或者直截了当地说：“我们家的谷种还嫩，不合你们那里的气候！”这样的拒绝，语言委婉，彬彬有礼，不伤感情，大家在面子上也好过得多。

佤族讨谷种

最优雅的恋爱方式
——以琵琶、口弦传情

青年男女谈情说爱，多以语言交流思想，表达爱慕之情，这已是尽人皆知。但是，怒族青年男女在相恋的初期就不用语言，而是以清脆的**“达变”**（怒族琵琶）曲调和悦耳动听的**“拟力”**（怒族口弦）曲调代之。

一般来说，怒族青年男女在恋爱的初期，男青年是以琵琶来表达思想感情以传情达意的，女青年感到自己的意中人来求爱了，也必然会以口弦对答。据说，这种对答，不仅可以表达爱慕之情，流露心中的秘密，而且还可以提出疑问，进行答辩，甚至还可以共同商讨有关事宜。这样以曲代谈的恋爱方式，双方可以不说一句话，完全靠演奏曲调，但双方都能意会，直到情投意合为止。

据说，有的怒族青年男女从恋爱到完婚都没有讲过几句话。这在世界各族的婚俗中不能不说是奇迹。

怒族男女口弦传情

世界最古老的婚姻习俗

——阿夏婚

摩梭族阿夏婚

云南少数民族的婚姻习俗有趣而奇特，但其中最为独特的要数泸沽湖畔的摩梭人的阿夏婚。**阿夏婚分为阿夏婚、阿夏同居婚、成家婚三种形态**。

阿夏婚：阿夏在摩梭语中是亲密的朋友之意，结交阿夏关系的夫妻没有实质上的经济联系，男子夜间到女家居住，白天同到母家，所生子女由母亲或姐妹抚养，父亲不抚养孩子，他抚养的是自己的外甥，而他的孩子又由阿夏家舅舅抚养。在农忙季节，女方家需要帮忙，男方可以前去协助。男女之间的爱情是阿夏婚的基础，双方一旦产生了爱情，就可以结交为阿夏关系。

阿夏婚的特点在于维系以母亲为核心的血缘大家庭，家庭中不存在父子关系、婆媳关系、妯娌关系等。母亲死后，家庭中的女子谁能干就由谁来承担家庭的重任。

阿夏同居婚：在长期的阿夏婚中，婚姻形态也在逐渐转变，由分居向同居转化，其特点是：男女双方不再各居母家，而是共同生活在一个母系家庭，一般是男到女家（也可以女到男家），无论到哪家，都是母系大家庭中合理的成员。

以上两种阿夏婚，**同一母系血缘内，是绝对禁止结交阿夏关系的**。

成家婚：即男女双方通过较长时间的选择，两人都愿结成终身伴侣，就由长辈主婚，领取结婚证书。这种婚姻，若要解除夫妻关系，必须通过双方家庭长辈同意，并办理离婚手续。据说这种形式，目前正在宣传普及，但为数还不太多。

以上情况，受到国内外有关人士的关注，成了人类学者和旅游者考察、研究和了解人类文化进程的鲜活形式。

最奇特的婚俗

——抢亲

抢亲就是未婚男子将喜欢的未婚女子抢到自己家结婚成亲，这种习俗，云南有几个少数民族均有，但这只是男女双方商量好的一种婚嫁方式。然而，德宏州梁河县的阿昌族抢亲却有所不同。**分为三种情况：**

一种是男女双方自由恋爱有感情，但说亲时女方父母不同意，这时，男女青年便私下定好日子，让男方来抢亲。男方按约好的日子，邀约伙伴深夜摸进女方家，拉着姑娘就跑，姑娘有意高声喊父母，以示自己是被人抢走的。由于女方父母毫无防备，这种抢亲大都顺利。

二是姑娘有了自己的意中人，而父母又硬要为姑娘选定其他女婿。在两个男子喜欢一个姑娘的情况下，其中一个男子便相约同伴把姑娘抢回家中，未抢到姑娘的另一个男子，只能眼巴巴地望着姑娘被抢走，而不能半路截取，这是阿昌族的规矩。

阿昌族抢亲

三是男女双方在恋爱过程中立下山盟海誓，但女方中途变心，男方便组织人趁姑娘外出不备抢起就跑。

抢亲到家，一进门就放鞭炮，当即拜堂。当夜或第二天一早要将姑娘领到较远的亲戚家住下，有时还要躲进深山，直到双方家长谈判妥当才双双回家。

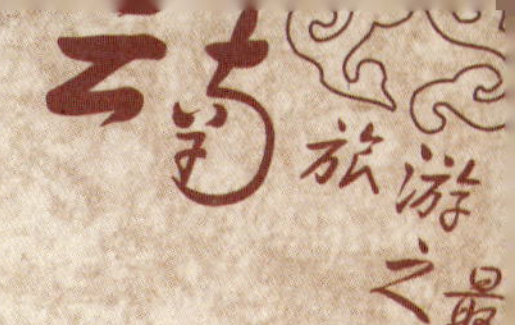

最俭朴的婚礼

——劳动

阿细青年男女劳动

居住在云南弥勒县西山区的彝族支系阿细人，自古以来婚姻自主，婚礼俭朴。他们选择对象的重要条件之一，是看对方是否爱劳动。一个相貌出众的青年，如果好吃懒做，很难找到对象；相反，相貌平常而勤劳朴实的青年，却往往遇上如意的伴侣。

当阿细青年男女经过自由恋爱，决定结婚的时候，父母对儿女的婚事。一般都表示赞同，**婚姻的程式**，一般是**女的先到男方家劳动两天**，以此向男方父母认亲。男家不摆酒席，也不请客。第三天，**男女双双在一个热心男友的陪伴下又到女方家认亲。**女方家同样不摆酒席，不请客。按当地习俗，到女方家认亲的这天早上，男的要为女方家挑一挑水，饭后，**男女双双去劳动，以示情投意合**，同甘共苦。当晚，双方回到男方家。在男方家再干四五天的劳动后，又返回女方家。这时，双方中若有一方心有悔意，婚事可以就此罢休；若都表示满意，婚礼就算完毕了。

以勤劳取人，奠定了阿细人婚姻幸福美满的基础，所以在阿细人当中，因草率成婚而酿成不幸结局的为数极少。

最独特的离婚仪式

——设宴请客

拉祜人有一种习俗：**结婚不办酒席。**结婚这天，通常先由一位德高望重的老年人向新婚夫妇祝福，随后，打扮得漂漂亮亮的姑娘和小伙子们便伴着新郎新娘，围着燃起篝火的火塘载歌载舞。拉祜人认为，火塘标志着夫妻双方有一颗火热的心，人们围着火塘歌舞，是祝福新婚夫妇终生相爱。拉祜人结婚这天用来招待客人的东西，是自己的旱烟、烤茶、松子、栗果之类，从来不兴讲排场。

但拉祜人离婚就大不一样。根据他们的习俗，提出**离婚的一方，要备办丰盛的酒席**请全村人吃饭，村里人不必送礼，一直要吃到将家中能吃的全部吃光，有的甚至吃了还要将房屋全部拆除，将物料分给全村人。这种带有**“惩罚”**性质的习俗，目的在于告诫年轻人在选择对象时要慎重考虑，一旦结婚，就要做到终生相爱。同时，“离婚宴”还含有希望双方今后不要相互仇视的意思。

离婚设宴的拉祜族人

最有趣的离婚证书
——木片

云南楚雄山区的彝族。离婚证书很奇特。男女双方感情不合劝解无效，可以离婚。彝族的传统离婚，**凭据则是一块木片**。通常是用一节约10厘米左右长，5厘米宽的松木，中间刻上“×”号，从中均匀地剖成两片，将这两片松木同时丢在地上，要丢成阴阳两相，然后将阴相的一片交给男方，阳相的一片交给女方。各自保存，以作凭证，不得反悔。

木片离婚证书

最奇特的书信
——以物代言

居住在高山峻岭的景颇族，交通很不方便。由于山高路远，人口分散，因而有事相告，往往用植物来表达思想。

以物代言为信，主要用于以下几个方面：

一、表示想念。若想念远方的朋友，就托人捎条树根去。当他接到捎来的树根，就知道对方在想念自己。若捎去的是芝麻，那就表示想念得更深切。

二、表示恋爱。男 方的“情书”是用树叶包上树根、大蒜、火 柴梗、辣椒来“写”的，然后用线捆 扎得严严实实，请人捎给女方。 若包东西的叶子多，表示男方 要说的话很多一片叶子代表十 几句话；树根表示想念；大 蒜表示请姑娘认真考虑考 虑；火柴梗表示男方的坚定态 度，不达目的不“收兵”；辣 椒表示男方很爱她。

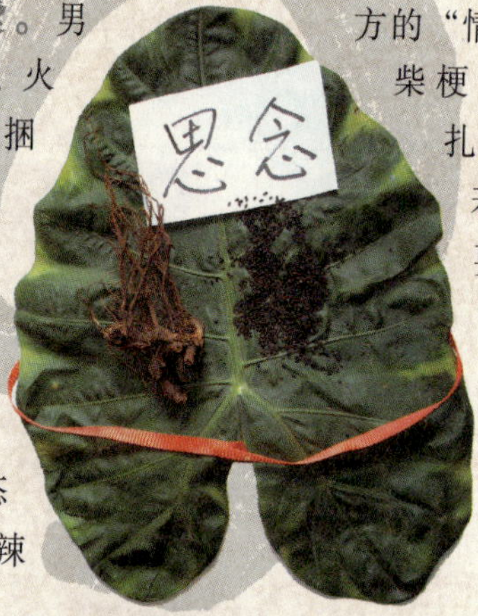

看了男方捎来的“情书”，女方也要回“信”表态。如果同意与男方相好，就把男方的“信”原原本本退回去。如果不同意，就在原“信”中加上“几句话”：放上一节火炭——表示反感，一起退还给男方。

三、表示礼节。人死了，亲朋不知道，没来奔丧。主人请人带去没有皮的牛肉或没有毛的猪肉，表示死者已经安埋好了，请不要再挂心。

少数民族之最
少数民族节日之最
少数民族婚恋习俗之最
「少数民族奇风异俗之最」

哈尼族火塘

最崇敬火塘的民族

——哈尼族

在云南哀牢山区哈尼人的家里，**火塘**居于极其重要的地位。它不仅是温暖和光明的源泉，也是全家老小在一天辛勤劳动之后欢乐团聚的中心，它**成了家庭的象征**。

哈尼人认为，火种不断与家庭的兴旺是相连的。因此，火塘一年四季不能断绝火种。每逢节庆之日敬祖先时，各户都要用米饭、肉食和酒专门祭祀火塘，把火塘与祖先同等看待。

全家围坐火塘时，则按辈分高低分设座次。火塘左侧边的矮床里面，是家中最高辈分男女的座位，矮床中间和外面是来客和晚辈的坐处。任何人都不准对火塘有任何不敬的行为。无论男女老少，都不准跨越火塘，不准用脚踩火塘边的锅桩和三脚架，不准擤鼻涕或吐口沫进火塘，不准用脚扒火柴头，充分表示了哈尼族对火塘的崇敬。

最讲礼貌的民族

——怒族

云南怒江两岸的怒族同胞，男女老少待人都十分和蔼可亲。

在路上，怒族人不论遇着**陌生人**或是**熟人**，都主动让路，并**低声问好**。

客人进家时，全家起立鞠躬。客人坐下，而依辈而坐。给客人递烟、递茶、敬酒或是端饭端菜时，他们都是躬身**双手捧上**，面带笑容。客人辞行时，全家起立，再三躬身挽留。最后还要一直把客人送到寨边的大路上。

怒族人打水时，在井边遇上老人和小孩，便让他们先打。上山砍柴，他们把易砍易燃的柴让给老人和小孩砍。离家较久的人，归来时要给寨里年岁较高的老人以及小孩捎带礼物。

谁家的屋漏雨，全寨的人都热情来帮助修理。谁病了，大家主动去请医生，为病人送柴背水。谁家办婚事，家家户户都要送一块肉，一盆甜荞面，一壶咕嘟酒。

怒族

怒族人口约2.7万人，是我国人口较少的少数民族。主要分布在怒江州泸水县、福贡县、贡山县和兰坪县。怒族因居住在怒江两岸而得名。从发掘的新石器遗物表明，怒族是最早进入怒江两岸的民族。

怒族有语言、无文字。怒语属汉藏语系藏缅语族。他们长期与白族、傈僳族、藏族杂居、通婚，故兼通多种民族语言。怒族的婚姻以一夫一妻制为主，多在同一家族内，偶有多妻现象，但无妻妾之别。

怒族村寨70%分布在怒江两岸海拔2000米左右的山腰台地上，最早的住房以岩洞、草棚、茅草房居多。随着生活水平的提高，住房变为“千脚落地”木房、石头房等。

最喜欢拔眉毛的民族

——瑶族

瑶族

居住在西双版纳勐腊县瑶山的蓝靛瑶族**妇女视无眉毛为美**，一向有拔眉毛的习俗。小姑娘从十四五岁起，就开始拔眉。拔眉毛时，先在眉间抹点火灰消毒和止痛，然后用两根线在眉间来往搓捻，使眉毛裹在线中拔出来。

相传，**拔眉的习俗与一对恩爱夫妻有关**。从前，蓝靛瑶族妇女每当丈夫出门劳动或上山打猎，都要在太阳落山之前做好饭菜，站到寨门口等丈夫归来。有一次，太阳落山了，只有盘阿仙的丈夫还没有回来。盘阿仙焦急万分。她走了一段路，见在拐弯处站着一个人，好像是自己的丈夫，上前一看，原来是路旁的一棵死树桩。她怨自己看花了眼，怪眉毛挡了视线，于是气得拔自己的眉毛。她又往前走了一段路，好像见到丈夫坐在路边，她高兴地跑上去一看，原来是一块大石头。她又气得狠命地拔自己的眉毛。她又继续往前走，一直到最后，才见到自己的丈夫。她仆在丈夫的肩上伤心地痛哭了。丈夫发觉妻子的眉毛没有了。当他知道妻子如此忠诚时，既感动又高兴，觉得妻子虽然没有了眉毛，但比以前更美了。盘阿仙的故事传开后，于是瑶山妇女就有了拔眉的习俗。

最喜欢戴耳环的民族

——基诺族

在基诺山寨，很少看见不戴耳环的人，即使是男子汉也如此。每个人不是在**耳垂上挂上一个粗大的耳环**，就是在耳环眼里塞上一个纸卷，很有民族特色。然而最引人注目的还是他们的耳环眼。一般的耳环眼只略比针尖大一点，基诺人的耳环眼却大得令人吃惊。原来，那眼孔的大小，是基诺人勤劳与否的象征。他们从小就穿耳环眼，随着年龄的增大，逐渐扩大。一个人的耳环眼越大，就意味着他越勤劳、勇敢；反之，就是懒惰、懦弱。青年男女在恋爱时，喜欢互相赠送花束，插在对方的耳环眼里，以此来表达爱慕之情。可见耳环眼在基诺人的生活中，还有极其重要的意义。

基诺族

最有趣的习俗

——半夜搬家

居住在祥云县米甸区茶朗哨苗族乡的苗族，有一种世代相传，富有情趣的习俗——半夜搬家。

据说，**半夜搬家这种习俗，是由旧社会苗族为了躲避财主催租逼债**，常常半夜搬家演变而来的。如今，半夜搬家已经失去了它的本身意义，而变为一项富有情趣的民族传统习俗。

苗族半夜搬家

喝酒方式最奇特的人

——克木人

克木人是一个尚未确定族称的少数民族，现有二千余人，居住在云南省景洪、金平县和我国与老挝接壤的勐腊县边境一带。由于历史的原因，克木人与外界的交往较晚，因而，他们的喝酒方式最为古老和奇特。在宴席上，大家**用吸管饮水酒**。水酒是用糯米酿成的，做好后放在一个大坛子里封口保存，遇到喜庆或节日，就往坛里灌清水抬到桌上。喝酒时，每人持一根用金竹做成的吸管，大家围着酒坛吸。吸到一定程度又掺水，再吸，再掺水，直到酒味全尽方离席回家。谁中途退席，主人会不高兴。

克木人

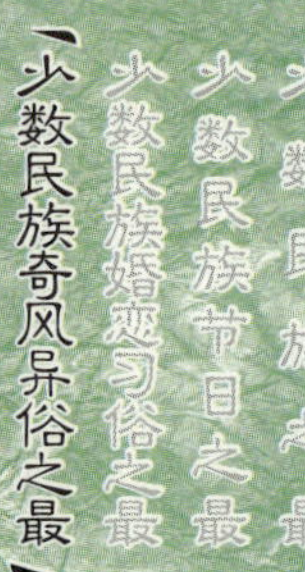

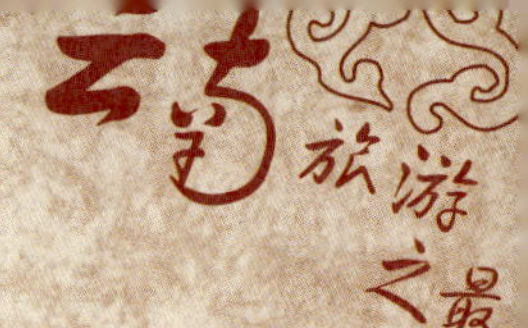

最奇特的捕鱼工具

——景颇族长刀

景颇人捕鱼的鱼具很独特——长刀。

入秋以后，山溪清澈见底。在夜晚，捕鱼人一手持长刀（景颇族男人的腰刀，约50~60厘米），一手拿着**电筒**或是用干枯的芦苇扎成的**火把**，下到**溪中**，缓慢进行。水中的**鱼儿**被这突如其来的光亮照得不知所措而慌乱游于水面，捕鱼人手疾眼快，**挥刀斩鱼**。这就是景颇人独特的捕鱼方法。

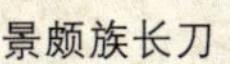
景颇族长刀

最高强的狩猎方式

——空手捕猎

彝族猎人狩猎的本领十分高强，他们能**赤手空拳地捉到麂子，野鸡**等动物。

麂子跑得虽快，但却逃不出猎人的掌心。当夜幕降临后，猎人就会到有麂子出没的地方，选一灌木丛潜伏下来，并在身上做好伪装，然后用一片竹叶或树叶含在嘴里，学怀春母麂子的叫声引诱公麂，学公麂的叫声引诱母麂，当麂子被异性叫声所吸引前来求欢时，就会被猎人伸手抓住腿子，活活擒住。

在有野鸡出没的地方，猎人会用鸡骨头做的小哨子学小鸡的叫声逮老鸡，学母鸡的叫声逮公鸡，学公鸡的叫声逮母鸡。除此之外彝族猎人还会用**“鱼钩钓法”**、**“鸡诱子诱法”**、**“扣子勒法”**、**“网捕法”**等各种办法空手捕获猎物。

空手捕猎的彝族猎人

最善于养鹰捕猎的民族
——纳西族

丽江地区有一种**黄鹰**，目光似电，利爪如钩，翅生斑羽，尾如排笔，行动异常迅猛。当地纳西族猎人先以肉食将其诱捕到手，关入暗室。喂给水食。待其换毛之后，在其尾系上小铜铃，带入山中。先以猎犬搜寻野物，若见野鸡、白鹇鸟类惊飞，即解去绳索，**放鹰追击**。猎手们常满载而归。

纳西族的这种驯鹰捕猎的方法，同《马可·波罗游记》中描写元朝皇帝（忽必烈）捕猎行乐的方式非常相似。其书载，“皇帝陛下还豢养了许多鹰，它们体大有力。犀利凶猛。被专门驯练来**捕狼**的，遇到这种鹰，不管多大的狼，都逃不过它们的利爪。”这种鹰不但能捕狼，而且能**捕鹤**。“皇帝躺在木亭中的睡椅上，观赏这种放鹰捕鹤的情景，十分开心。”据史书记载，忽必烈曾从丽江境内用羊皮舟渡过金沙江，他的部下或许将这种驯鹰捕猎的方法传给了当地纳西族。

养鹰纳西族

世界最怪的女人脚
——尖脚

什么叫尖脚？**尖脚也叫拐脚或三寸金莲脚**，它是一种人为变成的形似三角形的怪脚。在中国宋代至清代末1000多年的封建社会里，绝大部分中国女人在四五岁时候便用布带（裹脚带）紧紧将自己的脚指部向外翻往下捆裹起来，连续捆15年左右，女人的脚便出现**六个方面的变形牲**：①**脚掌的五指倒翻**，倒翻的五指与脚掌下的肉形成一条V字形的深肉沟，这肉沟非常的柔软；②正常的**脚掌变形成尖三角形**（尖脚由此得名）；③正常脚长23厘米左右变为8厘米左右的短小脚（三寸金莲由此得名）；④**脚背呈凸圆形**；⑤**脚杆变细**；⑥脚不能快走，也不能远走，并且走路时腰扭臂摆。

为什么要裹尖脚呢？在封建社会里，中国女人在社会上没有政治地位，在家庭里没有经济地位。女人的职责是洗衣做饭、生养孩子、侍候丈夫。封建社会制度规定，女人不能参加社会工作，不能有社会言论，不能自己选择婚偶，婚偶由父母指定，婚后不能与其他男子交往，对丈夫要绝对忠贞，丈夫死后不能改嫁，有的还要随夫葬。在这样一种封建和男权的社会里，**让女人裹尖脚有三个目的**：①**不让女人能自由走路**，以达到限制女人参加社会活动的目的；②**让女人绝对服从或忠贞丈夫**，就是丈夫打骂女人也不便离家出走；③**提高性质量**，据性学家研究，女人经过裹尖脚后能使脚底血液上流，使臀部变得丰满性感，使阴道壁增加一层层组织，使阴道变小变紧，使丈夫增加性欲。女人裹脚越小，其阴道越小，性质量越高。

综上所述，女人裹脚，是中国封建社会对女人政治迫害的产物。1000多年来，中国妇女一直受着这种迫害。解放后，中国妇女政治上翻了身，脚上得到了恢复自然。现在活着的尖脚女人已很罕见，下图中的尖脚老太太，是通海县长河村人，名叫周顺媛，她出生于1916年8月5日，现有91岁。她是尖脚妇女的活化石，她所穿的尖脚鞋，已成为即将绝后的历史文物。

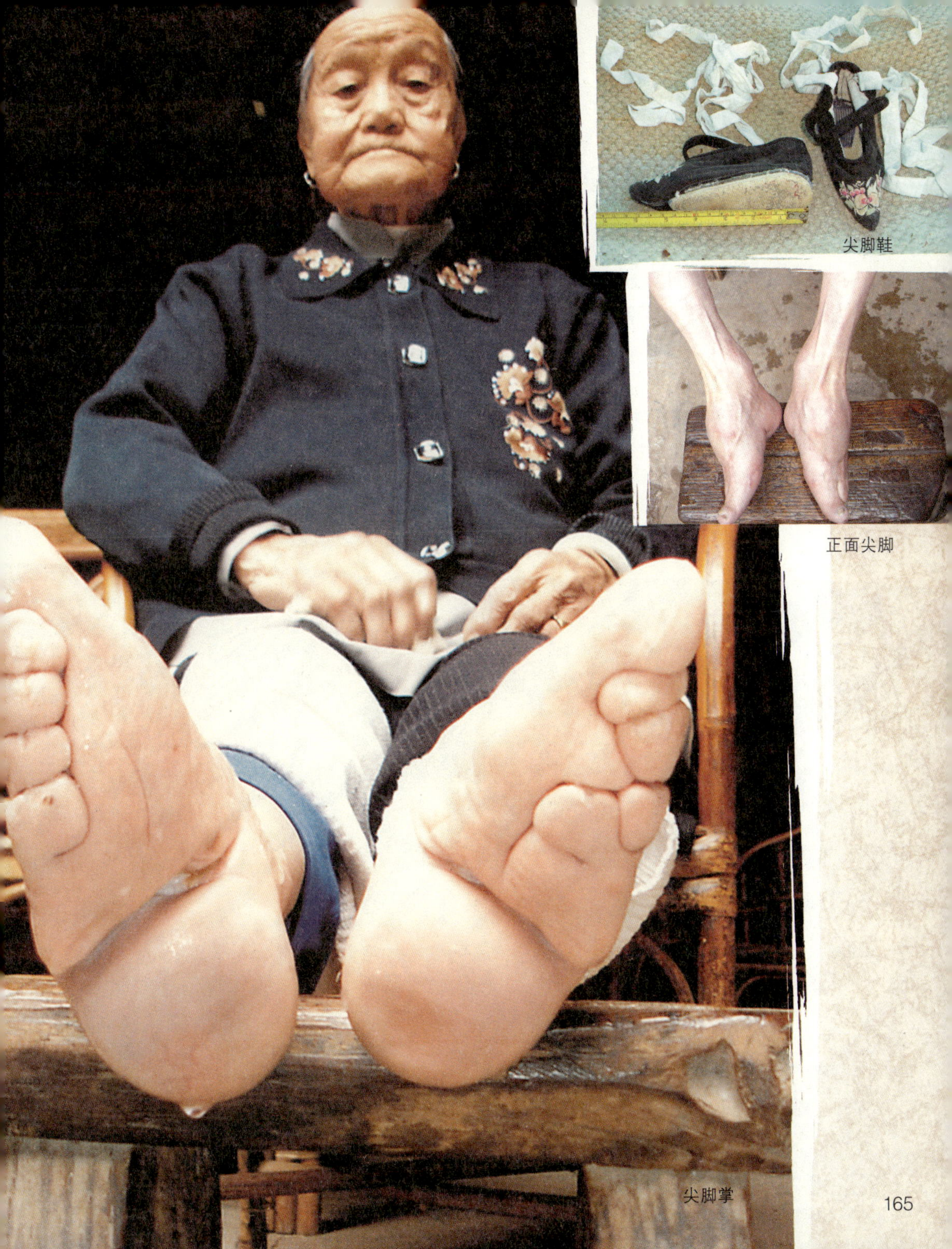

尖脚鞋

正面尖脚

尖脚掌

动物之最

云南的珍禽异兽很多。在那深密幽深不同类型的森林里，在那辽阔起伏的山野上。栖息着种类繁多的动物。有些珍禽异兽，在国内仅云南才有，有许多种类的经济价值很高的种类。云南有脊椎动物1638种，占全国总数的54.9%，其中哺乳动物296种，占全国哺乳动物种数的49.92%；鸟类792种，占全国鸟类种数的66.48%；两栖类102种，占全国两栖类种数的44.16%；爬行动物151种，占全国爬行动物种数的39.22%；淡水鱼类399种，占全国淡水鱼类的50%左右。

在云南这个动物王国中，共有国家保护动物231种。其中国家一级保护动物48种，如黑长臂猿、白眉长臂猿、亚洲象、巨蜥、蟒蛇、黑颈鹤、绿孔雀等；国家二级保护动物183种，如熊狸、菲氏叶猴、小灵猫、原鸡、红腹锦鸡、大鲵、哈蚧、大理裂腹鱼等。另外还有省级保护动物29种。

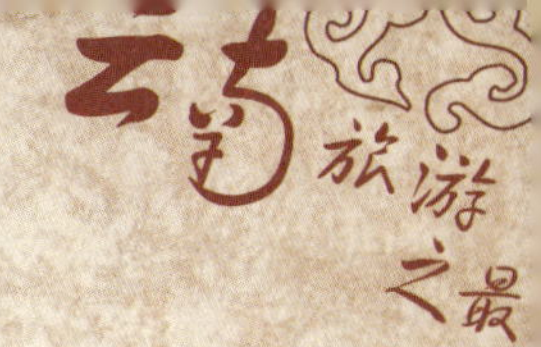

云南动植物之最

植物之最

云南植物类型、植物种类、植物遗留种和特有种均为全国之首，故有“植物王国”之称。云南植物王国中的原始森林，是地球上的一颗绿宝石，是创造人类物质和精神文明的宝贵资源。云南植物王国有四大特征：①植被类型丰富。云南是南北植物，寒、温、热带植物汇聚之地，这里有海拔3600米以上的冷杉木、红豆杉等寒带植物数千种；有令人惊叹的“砍头不死而永生”的铁力木等热带植物数千种；也有价值最昂贵的每公斤3000多美元，出口一斤可换回12吨小麦的黑节草温带植物。云南的植被，可以说是从长白山到海南岛各种植被类型的缩影。②植被种类居全国之首。仅高等植物就有15000多种，占全国植物种类的一半；被子植物科属占全国种类的88.3%，其他各大类植物科属均占全国的90%多。而且构成了极其多样的植物区系奇观。③古老植物遗留种多。在1.8亿年前，云南这块土地露出海面后，就开始生长植物，至今有很多古老的植物种类保留下来，如有2000多年高龄的绿色王国寿星树——秃杉，其身高达80米以上，直径达2.5米。最原始的被子植物全世界有12属，云南就有8属，占全世界总属的66%。④云南特有种多。云南珍稀植物有51种，其中12种是云南特有植物。如最珍稀的植物——珙桐就是云南特有种。

云南植物王国形成的原因在于：喜马拉雅山的造山运动，使云南形成了奇特多样的地形，如常年积雪的高山，横贯南北的江河山川，旱季炎热的低丘平原，四季如春的坝子。多样的地形和土壤，加上复杂多变的气候条件，为各种不同植物所需的不同水分、不同热量提供了生长的条件，也促进了不同植物品种的多样化和多形态，这些多样化，多形态的植物，形成了云南旅游特有的奇观。

最早的动物园之一
——昆明动物园

圆通动物园位于昆明市内，始建于1953年，1986年改名为昆明动物园。昆明动物园面积325000平方米，东西长1300米，南北宽250米，海拔1930米，是云南最早的动物园，它比2003年建成的昆明野生动物园早50年。昆明动物园也是**全国十大动物园之一**。1995年，被评为全国十佳动物园之一。

动物园内的动物品种初建时只有4种4只，现有130多种，700多只。其中**大熊猫**、金丝猴、东北虎、**丹顶鹤**、扬子鳄、雕类等属我国稀有动物。

动物园内不仅有130多个品种的动物，而且这里树木葱茏，花草争妍，全园绿化面积达77%，特别是阳春三月，**数千株樱花，海棠花**竞相开放，形成一条200多米长的花荫道。在这里，上下左右都是花，令人赏心悦目。

昆明动物园

海鸥最多的地方

——翠湖公园

翠湖公园位于人口密集的昆明市区内，自1985年11月以来，这里出现了一大奇观，**成千上万的海鸥**来这里过冬。白天约有2.5万只海鸥汇集于此，还有数千只海鸥在盘龙江、大观公园。昆明人白天见了海鸥，便会将食物抛向空中或摆在手上给海鸥吃，**人鸥互戏**。到了晚上，这些海鸥又飞往滇池、抚仙湖等处过夜。这些**海鸥体大如鸽、羽毛洁白、嘴红如血、故称红嘴鸥。**

由于昆明四季温暖如春，适合海鸥过冬，加之昆明人视鸥如友；昆明市政府还作出不准捕捉海鸥，不准放爆竹惊吓海鸥的规定。1987年1月20日，昆明的有关鸟类专家为研究这些海鸥来自何处，飞往何处，为何到昆明来，昆明人应如何保护它，如何饲养它等问题还成立了“昆明红嘴鸥协会”（2003年改为昆明鸟类协会）。这样，红嘴鸥与昆明人结下了深厚的友情，每年11月份，它们就飞来昆明过冬，次年3～4月，又离开昆明飞往我国东北及**西伯利亚**等地。

通过海鸥的传情，2005年12月起，又有大批大雁飞降昆明翠湖公园，海鸥、大雁与昆明人共居和协生存，大雁是吉祥鸟，它入居昆明，给昆明人带来了吉祥。

世界蝴蝶最奇特的地方

——大理蝴蝶泉

蝴蝶泉位于大理市周城的北面一公里处、滇藏公路西侧、苍山第一峰云弄峰下。蝴蝶泉在绿林丛中，是个约50平方米的泉池，清冽的泉水从泉底鹅卵石和白沙中涌出，池的周围有大理石栏杆，上方三块大理石上有**郭沫若**题写的“蝴蝶泉”三

大理蝴蝶泉

个大字。四周古树葱郁，一棵高大粗壮古老“蝴蝶树”横跨泉上。每年农历四月十五日，蝴蝶树开花，独特的花味使苍山洱海边的各种蝴蝶在此汇集，**数以千万的蝴蝶**在此飞来飞去，形成蝴蝶盛会。最为奇特的是蝴蝶由树枝上连须勾足，一串串**连接成数公尺长**垂至水面，游人看此壮景，无不称绝。

每逢蝴蝶盛会期间，大理洱源等地的白族青年男女穿着白族盛装，纷纷聚于蝴蝶泉边，唱歌跳舞，为蝴蝶泉增加了一项民族风情。

中国最早的大象表演队

——云南民族村大象表演队

为给旅游者增添兴趣，位于昆明市南部七公里处的**云南民族村**，与中国保利西南公司联合进口了中国第一支大象表演队。大象表演队共有九头亚洲象，它们**毕业于老挝大象学校**、训练成绩较好，算得上**“大学毕业”**象。经过老挝象师训练过的大象，不仅不会伤人，而且能按象师口令进行**跑、走、站、跪**等各种动作，如会向旅游者点头敬礼；会跪下或睡下让旅游者上下其身；会用象脚为睡在地面上的游人轻轻按摩；会用象鼻子拾东西、要东西、搬木头、堆木头、与人拔河比赛以及卷着游人打象鼻秋千等。

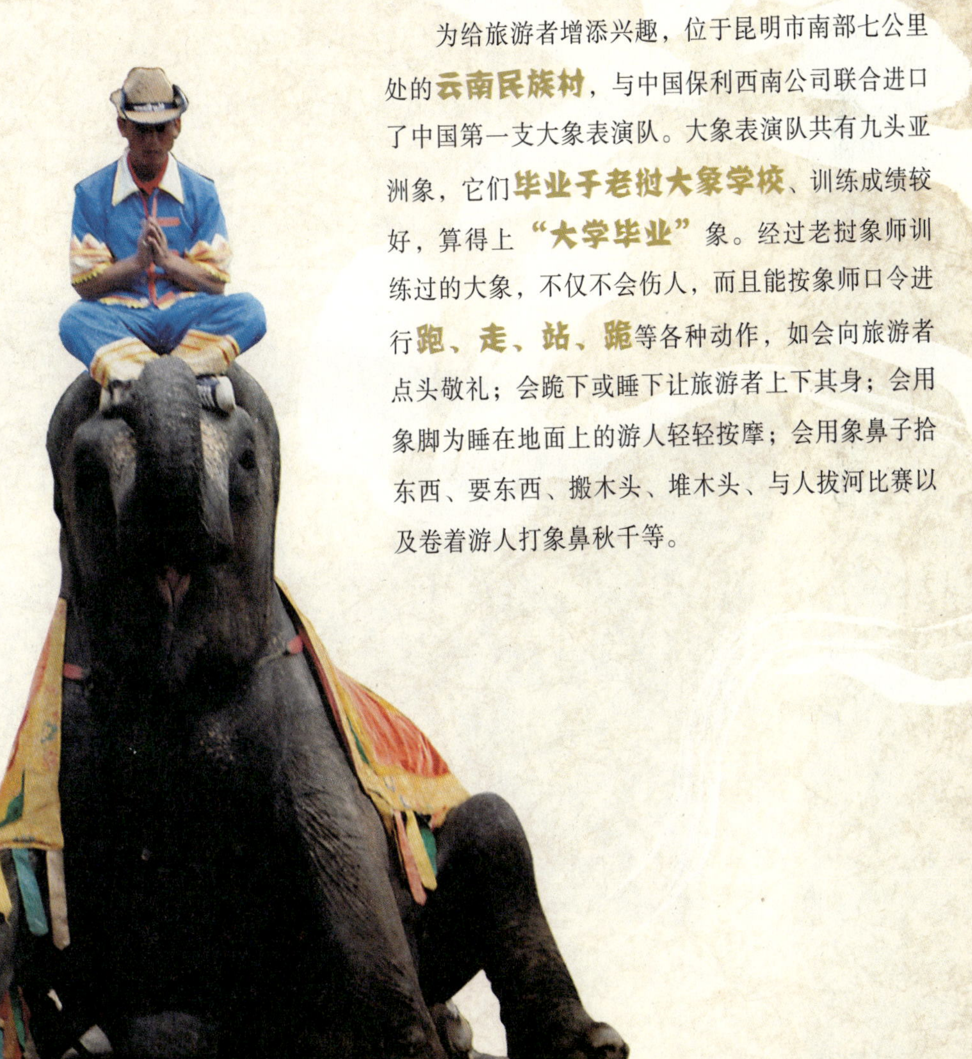

云南民族村大象表演队

世界最奇怪的蜥
——飞蜥

蜥蜴是一种陆地生活的动物，不会飞。但云南西双版纳密林中的蜥蜴，却与世界各地的蜥蜴不同，其身体两侧有**翼膜**，蜥蜴凭借这翼膜，可以在树林之间自由地**滑翔**飞行，故称飞蜥。

飞蜥

世界最晚发现的鹤类

——黑颈鹤

在云南迪庆、昭通、会泽县一带，生活着一种世界上唯一的**高原鹤类黑颈鹤**，也是我国特有的珍禽。据统计，目前约有2000只，由于数量稀少，“国际鹤类收集库”一直渴望得到黑颈鹤的卵，以便完成“人工孵化”的研究工作。它的**价值与国宝大熊猫等同**，被国家列为一级保护动物。

黑颈鹤的“舞姿”翩翩飘逸，体态优雅。据说人们可以根据其早晨的叫声变化辨别出当日天气的阴晴，所以深得人们的喜爱，被誉为“神鸟”。

黑颈鹤

最“钟情”的鸟

——犀鸟

犀鸟非常重感情，每年冬季成群活动觅食，喜食果实，也食老鼠、蛙类和蛇、蜥蜴及各种昆虫。犀鸟春末夏初配偶，雌雄犀鸟结对后。总是**一对对相亲相爱**地在一起觅食、栖息。

它们选择天然大树洞营巢产卵，当雌鸟产完卵后，就卧在树洞里孵卵，雄鸟衔泥将洞口封闭，只留一个投食的小孔，在雌鸟卧巢孵卵期间，全由雄鸟衔食从小孔中给雌鸟喂食。直到孵出的雏鸟羽毛长齐，均由雄鸟承担“全家”食物的任务，每天雄鸟远寻近觅，劳碌奔波于森林与“家庭”之间，**把获得的食物喂进雌鸟和雏鸟的嘴里**。雄鸟白天忙过，**夜晚**还要栖息在洞外树上，**站岗放哨**，警惕妻儿受到敌人的侵害。待幼鸟羽毛丰满，雌雄鸟才破洞团聚，并共同带领小鸟练飞觅食。一对犀鸟中，**如有一只死去，另一只绝不会苟且偷生或另寻新欢**，而在忧伤中绝食而亡，故被人誉为“钟情鸟”。“钟情鸟”是国家二级保护动物。

犀鸟

最漂亮的鸟
——绿孔雀

孔雀是驰名中外的观赏动物，**西双版纳是“孔雀的故乡”**。孔雀，属鸟纲，雉科，云南产的是绿孔雀。雄孔雀体长约2.2米（包括尾羽长约1.5米），羽毛绚丽，多带光泽。雌孔雀无尾屏，羽色亦稍逊。

每当春暖花开时节，孔雀开始发情，雄孔雀追随于雌孔雀周围。并把鲜艳夺目而具有眼状的尾羽展开如扇状，不断抖动，互相摩擦而发出“沙、沙、沙”的声音，在金色阳光的照耀下，其尾羽光彩夺目，这就是“**孔雀开屏**”。难怪人们说：“孔雀美，多在尾”。

绿孔雀

“杂技技艺最高”的动物——长臂猿

长臂猿

生活在西双版纳密林中的**长臂猿**和**人类**有着**亲缘**的关系，它的**形态构造**、**生理机能**和**生活习性**比较**接近于人类**。长臂猿身材窈窕，两臂修长，动作灵巧，穿林过树如同鸟飞，即使两树相隔10多米远，它也能闪电般地腾空掠过，动作自如、轻松、优美，被称为动物中的“杂技演员”。

长臂猿又是最重感情的动物，当猿群中有受伤、生病或死亡时，在相当时间里，它们就不再歌唱和嬉闹，而是用沉默来寄托对同伴的同情和哀思，可以算是云南动物中“感情最丰富”的动物了。

最奇特的捕鱼法
——支竹笼

在距昆明100公里的江川县的抚仙湖里，生产一种味极鲜美的鱼，当地人叫**抗浪鱼**。据说在清康熙年间，还作为贡品敬献朝廷。捕这种鱼既**不用钩也不用网**，而是用一种特殊的方法，即用竹片编成的一种鼓形的**笼子**，笼口做成倒刺状，将笼子安放在湖边的泉眼急流处，成群的抗浪鱼沿急流上涌而进入笼子，进去就出不来，**一两个小时就可捕鱼数斤**甚至数十斤。

后来人们根据鱼的习性，开渠造洞，用水车引流，支竹笼于急流处捕鱼。其独特的捕捞方式，吸引了大量游客前来观光，并就地架火煮鱼，现捕现食，味更鲜甜。

竹笼

最具"团结协作精神"的动物
——猿猴

"猴子捞月亮"是一种传说故事。而西双版纳密林中的猴子捞青苔，倒是实实在在的事。西双版纳的猿猴，种类多，数量也多。它们头脑最聪明，动作最灵敏，团结协作精神也最强。它们数十只或百多只组成一个家庭，那种团结互相觅食的精神，令人佩服，**猴群从树上**一个衔一个的尾巴掉下来**捞取河中石上长的青苔**，然后将青苔依次传上去从头至尾一个个吃饱后，最后才轮到捞者吃，那动作同传说中的猴子捞月亮没有两样。

猿猴

候鸟过路最多的山

——鸟吊山

位于南涧县的凤皇山和位于洱源县城西南约20公里的罗平山。每年农历七八九月间，到了夜间，人们在山上点燃火堆，鲜红的火焰飘扬天际，此时夜空中飞行的**成千上万的各种鸟类**以为是月亮的光芒，便先后**从空中直冲火堆**，扑向火光被烧死，这些鸟，大者如羊，小者如蝶。

因为这些山有鸟吊下来的奇观，人们便称其为鸟吊山。鸟吊山的这种现象古人们不解其故。近年来，鸟类科学家的研究揭开了这个**“谜”**：候鸟在长途迁徙过程中，有许多休息站，鸟吊山便是其休息站之一。这些鸟会使用许多办法来测定航向，其中主要是靠视觉来察辨方向和位置。因此，当人们在深夜燃起火堆时，鸟群就会产生错觉而向火光扑来。这些鸟来自中国西北青海等省，深秋飞往温暖的东南亚。现这些候鸟已得到当地政府和群众的保护。

鸟吊山

最有名的醉鱼景观

——杜鹃醉鱼

在中甸县东32公里处，有一个被当地藏民誉为**“高原明珠”**的碧塔海。碧塔海在群山环抱之中，山上原始森林茂密，林木苍翠，雪峰连绵。湖面长3000米，宽700米，海拔3540米，呈海螺形。湖水碧蓝清莹，平如碧镜；湖中有一小岛，灌木丛生，形态万千，岛林花丛中，一队队，一群群的贝母鸡、红脚鸡或寻觅食物，或嬉戏花丛中；一排排的野鸭，自由地浮游在湖中，若片片彩云浮于水中；湖边绿草丛生，鸟语花香；湛蓝的天空、银色的雪山、墨绿的森林、火红的杜鹃，倒映在湖中，这样的湖光山色，真似一幅极为迷人的山水画。

然而，更为神奇的景观是，每当**杜鹃花盛开**的季节，花瓣落在湖中，成群结队的**鱼儿误食了有毒的花瓣**后，都翻着白色的肚皮，**“醉”浮在水面上**。这就是有名的碧塔海“杜鹃醉鱼”奇景。游人目睹此“醉景”，其心也醉了。

碧塔海醉鱼区域

最奇特的鱼

——神鱼

在云南江川县龙街镇以西600米处有一个**神奇泉**，此泉水三口井相连，面积约8m^2，水深50厘米左右，水温26～28度。水质清澈透明，达到矿泉水标准。此泉从明朝至今已有600多年的历史。此**泉水中固生长着50～60条**（每条1～5.6公斤重）怪鱼而被取名为神鱼泉。神鱼泉中的**鱼有三怪**：

一是会磕瓜子。600余年来，泉水中鱼儿没有吃的，靠食水中维生物为生，但鱼多维生物少，鱼儿饥不饱食，所以当游人向水中撒下葵花子时，鱼儿马上浮出水面将其吞入，过上几秒钟，鱼儿将瓜子壳吐出，其瓜仁已留在肚中。因此鱼有此特技，故人们又称它为“瓜子鱼”。瓜子鱼吃瓜子时，往往让游客喜笑眉开，拍手叫绝。

神鱼

二是会赶庙会。神鱼天天都在神鱼泉中，但很奇怪，600多年来，当到了每年的农历六月一日至六日这六天，全部鱼便进入山洞中不再出来，所有鱼儿无影无踪，直到六月六日午夜，这群鱼又会同时出现在泉中，活跃如初。人们对鱼儿的定时失踪不得而知，有关专家考察多年也未找出原因。因鱼儿失踪的这几天，是当地老百姓赶庙会的日子。所以老百姓都说鱼儿是赶庙会去了。

三是鱼死变绿色。神鱼体形似青鱼，腹部带红色，两侧鱼鳞为白色，但当此鱼一死，一小时后鱼鳞便变为绿色，鱼眼双目凸突，这种怪鱼尸，猫不敢吃，狗不敢嗅，猫狗见之则逃，不敢接近。当地人们也从不敢吃这种神鱼。传说凡偷吃过这种神鱼的人都要倒霉。

现神鱼泉已成为江川县的一个旅游景点。每天对游人开放。

中国最早创建的热带植物园

——云南热带植物研究所

云南热带植物研究所，其前称为**西双版纳热带植物园**，位于景洪东面76公里处。该所土地面积为1000公顷（15000亩），拥有国内外热带、亚热带植物2500种。这里属湿性季风气候，年平均温度21.6℃，年降雨量为1400～1600毫米。该所由**我国著名植物学家蔡希陶先生创建**，于1959年成立。这是中国第一个热带植物园。

研究所建立以来，研究内容主要是：①热带植物分类研究。②热带森林生态系统和实验植物群落研究。③热带植物的引种驯化和经济植物的栽培研究。④热带植物有用化学成分的研究。⑤热带植物生理与解剖的研究。该所现设五个研究室以及植物标本室、图书室和植物产品中试工厂。

迄今为止研究人员**完成科研课题135项**，如云南热带植物资源的保护和利用，热带植物的引种驯化和实验植物群落的研究等。并取得重要成果：①中国植物志部分科属的编写。②热带多层多种人工植物群落的研究。③研究出许多稀有有用植物。如工业及食用植物油料油瓜、瓜栗；重要工业用胶植物瓜尔豆；香料植物依兰香、云南樟、肉桂；热带速生、珍贵树种团花树、轻木、云南石樟、望天树；热带水果及饮料柚子、芒果、红毛丹、蛋黄果、可可、可拉等；药用植物有可提取抗癌药物的美登木、红豆杉，可降高血压的原料萝芙木，可提取南药血竭的龙血树（血竭），其他贵重医用植物

还有嘉兰、毕拨、绿壳砂仁等。这些研究成果，深受工业、农业、建筑业以及医疗卫生部门的高度重视，并为我国热带植物资源的合理开发利用提供了某些科学依据和技术方法。

热带植物所内植物品种繁多，一年四季鲜花盛开，树木常绿，景色优美，吸引着众多的中外游客。

2011年7月，国家旅游局评定西双版纳热带植物园为5A级旅游风景区。

云南热带植物研究所

世界茶花开得最多的树

——玉峰寺万朵茶花树

玉峰寺，位于丽江城北玉龙雪山脚下，离城15公里，属喇嘛寺。寺虽小，却因有一棵**“山茶之王”**而驰名中外。有**“云南山茶甲天下，丽江山茶甲于滇”**之说。

这棵山茶植于明朝永乐年间，至今已有近600年的历史。此树原是不同品种的两株山茶，一为“狮子头”，一为“早桃红”，因栽时靠得很近，长大后树干便紧紧拥抱，难解难分，令人称奇。观赏时若不细心，很难发现它们的秘密。但从花形上可以辨别两树的异同，现主干直径约30

玉峰寺万朵茶花树

多厘米，高约2米，连同枝干一起高6.5米，树冠面积55.4平方米。每年立春，花蕾初绽，直至立夏，历时七个节令，100多天，先后开花20余批，一批未蔫一批又含苞待放，每批开花千余朵，总共要开两三万朵，故称**“万朵茶花”**或世界之最“山茶之王”。此花盛开期是每年三月，届时，游人如潮，无不称绝。

此树由寺内喇嘛一代传一代精心培植，多年来，他们在其冬眠后期施肥，还用菜油擦树杆和浇灌根部，增加养分，因而树干光滑，树老不衰，枝繁叶茂，应时开花。

色彩最多的花
——变色花（嘉兰）

在**西双版纳的密林中**，有许多花会变色，它们时而是**白色**，时而是**绿色**，时而是**黄色**，时而又是**紫色**……例如嘉兰的花瓣开始为绿色翻卷成龙爪形，次日花瓣中部变成黄色，瓣尖为**鲜红色**，瓣周镶嵌着金边，三天后，花的茎部，中部分别由绿色，黄色变为**金黄**、橙红直到鲜红，远看犹如一团熊熊燃烧的火焰。

在海拔1800米的西双版纳丛林中，还生长着一种紫毛兜兰的花，它有时是黄色；有时是绿色；有时又是白色。是珍贵的观赏植物。是国家一级保护植物。

西双版纳丛林中除有“变色花”外，还有“风雨花”，它们会预测大风雨来临，在大风雨来临前一段时间，它们便迫不及待地开出千万朵花来，使人感到**神秘莫测**。

变色花

最高的树
——望天树

望天树一般**高70米**，直径2米多，最高达93米，是云南最高的树种。是国家一级保护植物，产于勐腊、屏边、河口、马关等县海拔700～1100米的河谷坡地，是热带雨林中的上乘优势树种。由于它**高于众树之顶**，故名望天树，被列为全国八大珍稀植物之一。

望天树

铁力木

砍头不死的树
——铁力木

铁力木是木质最**坚硬的一种树**，产于景洪、勐腊、勐海、耿马、瑞丽、潞西等县，海拔1300米以下的河谷坡地，性喜湿热，是云南特有的珍贵阔叶树种，国家二级保护植物。

铁力木的第二个特点是**砍头不死，砍一头，长三头，越砍越长**。是当地群众喜爱的用材树种。可供军工、造船、建筑、特殊机器零件和制作乐器、工艺美术品之用。铁力木种子含油量达74%，可制作肥皂。

轻木

世界最轻的树
——轻木

轻木，原产美洲和西印度群岛，1962年引种于西双版纳，长势良好，是世界上最轻的木材，**每立方米仅有115公斤**，10米长的树干一人就可抬走，烘干后质量密度为0.1～0.2，不易变形，加工容易，导热系数较低，是极好的绝缘、隔音和制作浮标、救生衣、塑料贴面垫底的材料。轻木也是云南经济价值较高的树种之一。

世界最重的树

——紫油木树

在云南西双版纳原始森林里生长着为数不多的紫油木树。此树气干材的比重是1.190，即一立方米的木材比**一立方米的水重190公斤**，故称“重木”，它是世界上最重的树。紫油木质优良，可用于雕刻或制作提琴弓、胡琴杆等乐器；叶可提芳香油、枝入药可消炎。

紫油木树

世界最毒的树
——见血封喉树

在云南西双版纳的热带雨林地区，有一种高达30米的见血封喉树，这种树有**最神奇的剧毒乳汁**，树皮或枝条破裂后，流出乳白色的剧毒乳汁，人和动物吃了会引起**心脏麻痹**而中毒**死亡**；误入眼中会使双目**失明**；人和动物若被涂有毒汁的利器刺伤即死，故叫“见血封喉”。当地人用这种毒汁涂在箭头上或把箭头插于树干上，取之射兽，兽中箭三步之内立即死亡，但兽肉仍可食用。

见血封喉树，是世界上木本植物中最毒的一种树。被列为国家二级保护植物。该树虽毒，但可**剥皮取出纤维，用来纺织妇女树皮衣服。**

见血封喉树

树皮衣

穿树皮衣的新西兰食人族

两千多年前，中国人便会用此树皮制成树皮衣服。据考证，这是世界上最早的树皮制衣技术。后来，这一技术经过东南亚国家传至非洲、澳洲、北美洲等世界各国。

最大的浮莲
——勐仑王莲

云南最大浮莲是西双版纳勐仑植物园水池中的王莲。王莲成熟的叶片呈圆盆状，浮力大，**可乘坐体重20公斤的小孩**。王莲花大而美丽，露出水面，直径25～30厘米，初开为黄色，后变为玫瑰色。其种子含淀粉，可食用，称为“水中米”。王莲属多年生浮叶水生植物，原产巴西亚马逊河流域，1963年引种于西双版纳勐仑植物园。

勐仑王莲

价格最昂贵的草
——黑节草

在云南曲靖地区的师宗、罗平，文山州的丘北、广南等地有一种草，它生长在阔叶林中，附生在栎树皮上。植株高约10～20厘米，多节，**节间黑褐色，所以叫黑节草**。黑节草具有**清嗓、润喉、消炎**等功能，对治疗声音嘶哑有特效，为此深受演员和歌唱家的喜爱。用黑节草加工制成的“**龙头凤尾**”（又名“西风斗”）饮料在国际市场上每公斤售价3000多美元，出口一公斤可换回12吨小麦。因此，黑节草便成了云南省价格最昂贵的草本植物。

黑节草经多年采集，现资源逐年减少。

黑节草

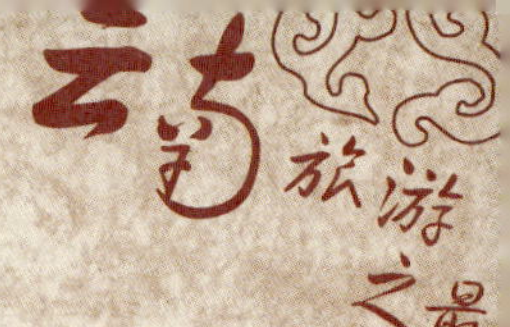

世界最昂贵的医用树种

——红豆杉

红豆杉

在云南省西双版纳、云龙县等国家级自然森林保护区，生长着数十万株国家重点保护的一级**珍稀树种**——红豆杉。经科学家研究，红豆杉的根、茎、枝叶和树皮内紫杉醇的含量是世界上最高的，而紫杉醇又是目前世界上最昂贵的**治癌药物**，每公斤紫杉醇在国际市场上价格高达1000万美元，相当于人民币8000多万元。**比黄金贵50倍**，以上就是世界上最昂贵的医用树种。

生长最快的树

——奇迹树

西双版纳勐仑地区栽培的**团花树**，也叫奇迹树，它是一种挺拔秀丽的高大乔木，树高达30米，树干笔直，直径80～120厘米，树冠圆形叶片，大而光滑，侧枝成水平伸展，自然整枝良好。它有**金黄色**的美丽树干，均匀细密的纹理结构，木材质量坚硬，抗虫腐、不翘裂。生长速度最快，**每年平均长高3～3.5米，长粗3～4厘米**。8～10年即长到30～40米高，单株材积1.5立方米左右。是全国罕见的速生用材树种。而且它有耐气候干热，土地瘠薄的惊人能力，在世界上被誉为“奇迹树”或称“宝石树”。

奇迹树

独树成林

中国最大的树

——独树成林

在盈江县铜壁关老刀弄寨旁有一棵大榕树，其**树身奇大无比**，数十人也合抱不下。其**主干上布满了块状根系**，如山脉、峡谷，千沟万壑；树杆上抛撒出一束束气根，如一条条巨蟒把头深深地扎进泥土之中，像是要把地上的水分全部吸干一样。整棵树枝连枝、根连根，构成“**独树成林**”的奇观，是云南一绝，被人们称做“**榕树王**”。被国家列为旅游风景名胜区。据专家测算和考证，这棵树，树冠覆盖面积达5.5亩，气根入土后长成的新树干达108根，这是中国最大的一棵树，**到现在已有近300年的树龄**。旅游者到此观看，无不称奇。

世界最古老的茶树
——凤庆古茶树王

凤庆古茶树王

在云南西双版纳、普洱、临沧等地区，生长着许多古茶树，在临沧双江县就有野生古茶树几万亩。但说到古茶的年龄，较为古远的有三棵，一棵在西双版纳勐海大黑山上，身高34米，身粗3.3米，树龄有1700多年；一棵在普洱市镇源县九甲乡千家寨，树龄有2700多年；最古老的一棵在临沧凤庆县香竹箐锦秀村，**树高10.06米，树根粗1.84米，树顶平面直径11.4米**，此树龄经中国农业部博物馆和台湾、日本、美国等国的茶专家测定，有**3200多年**。这是世界上最古老的茶树，盛称“茶树王、茶树寿星、茶祖”。很多国际茶专家，见到此“茶祖”时会跪拜。

经专家鉴定，千年古茶树的茶叶中含有的抗衰老、抗血脂、抗血糖的儿茶素等有效成分比栽培型的茶叶高出40%。由于古树茶对现代型疾病有很好的疗效，加之口感浓香，人人喜爱，名扬国内外。国务院将云南普洱茶定为国家非物质文化遗产。凤庆县的茶树王，是古树茶中非物质文件遗产的魁宝。现在国家安排了守树人，年年天天看护这棵树。

云南是世界茶的故乡，这些活着的古茶树，是古茶树的活化石，这些活化石说明云南是世界茶的起源地和原生地。据统计，云南古树茶种占世界茶的82.5%，独有种25种，2个变种，这些数据足以说明云南是世界的茶乡。云南有普洱茶560万亩，年产量20多万吨，这些数据说明云南是世界的茶库，也是世界的茶王国。

世界最长寿的植物
——龙血树

在西双版纳热带植物研究所里，有一种生长缓慢而耐干旱的喜光树，此树杆粗短，树皮灰白纵裂，枝叶繁茂。这种树，用刀在上面一划，便会流出**像人身上鲜血的树汁**，为此，人们称这种流血树为“龙血树”（也称血竭）。龙血树的**汁液可做药**，主治跌打损伤，血淤疼痛，风湿麻木，妇科杂症等病。

据专家研究，龙血树树龄达8000多年，是地球上最长寿的树。

龙血树

世界最大的杜鹃花树

——杜鹃花树王

杜鹃花属常绿大乔木，是世界珍稀高大型花木，是国家二级保护植物。位于云南高黎贡山的大树杜鹃，是世界杜鹃花中最为高大的品种，最早为英国传教士傅礼士1919年发现，雇人从高黎贡山上砍了一株高25米，茎围2.6米，**树龄280**年的大树杜鹃，作为标本，陈列于大英博物馆。1983年腾冲县林业局又在产地发现了更大的一株，高25米，茎围3米多，树龄约在 500年以上。

杜鹃花树王

世界最绝妙的"会听音乐"的植物

——跳舞草

跳舞草

在西双版纳热带植物所里。有一种**通晓音乐的草**，它的触觉特别灵敏，并能靠声波震动叶子。当有平缓的歌声或音乐声时，它的叶子就会随平缓声音的升降上下跳动，音乐或歌声音调升降越快，它跳动得越快。反之，它跳动得越慢。音乐停止时，它立刻停止跳动。这种草因有此绝妙的"本领"，植物学家便给它取名叫跳舞草。当男士唱歌时，因声波强，它跳舞也特别欢，为此人们又给它取名叫风流草。

跳舞草在中国属于稀有，在世界也是稀有植物。跳舞草为何会通晓音乐，**科学家尚未解开这个谜**。跳舞草不仅有较高的科研价值，同时也有较高的旅游观赏价值。

最能预测地震的植物

——含羞草

鱼浮水面、鸭不下水、鸡上房顶、老鼠搬家、猪不进圈……这些动物出现的异常现象，已被大量的事实证明是地震前动物特有的反应。科学家们通过研究又发现，在大的地震发生以前植物也有异常反应。云南西双版纳、德宏等地区的含羞草就是这样一种对地震颇为敏感的植物。

含羞草的**叶子**平常在**白天**是横着呈**水平张开**，**夜里**呈**合闭**状态。这种草因对环境影响很敏感，当触及到人们的手、足、衣物或呼出的气体时，它的叶子会怕羞似的很快合抱起来，不让人们看清它的叶体，为此人们给它取名叫含羞草。

含羞草不仅对人体非常敏感，对地震现象也很敏感，在大的**地震到来之前**，含羞草的叶子会一反常规：**白天不呈张开状态反而成合闭状态；夜间不呈合闭状态反而呈半开或全开状态**。科学家们发现，当这种叶片状态发生异常变化时，就预示着这一带地区将发生较大的地震。

在地震的孕育过程中，会产生地湿、地下水及地磁场等一系列的物理和化学变化，环境的变化，会使植物的生长产生相应的变化。为此，当植物有不正常的开花、结果甚至大面积死亡等异常现象出现时。就是一种无声的地震预报，这种预报比动物对地震异常反应的时间更早、更久，有利于人们及早采取相应的措施。

含羞草

猪笼草

世界最大的食肉植物
——猪笼草

动物食植物不为怪，植物食动物却很怪。在云南西双版纳热带雨林中，有一种**会捕食蚂蚁、蚊子、苍蝇、蜜蜂、蜘蛛、蜗牛或老鼠的植物**——猪笼草。猪笼草靠什么捕食虫子呢？一棵**猪笼草有多个独特的吸取营养的器官**——捕虫笼，捕虫笼的形状象猪笼，故称猪笼草。猪笼口部红红的，十分鲜艳，猪笼中会分泌出有甜味的蜜汁，此蜜汁有麻醉作用，当虫子进入猪笼中吸食蜜汁后，虫子便会麻醉致死于笼子中，通过蜜汁的分解，虫子尸体中的蛋白质慢慢被猪笼草吸收。这个捕食过程非常有趣。经专家考证，猪笼草是世界上最大的食肉植物。

猪笼草主要分布在亚洲热带地区。据国际食虫植物协会统计，国际上会食虫子的植物有600多种。在云南比较典型的就是猪笼草。猪笼草属草本植物，猪笼草科，不采用种子繁殖，采用插条繁殖。猪笼草喜欢水性，透气性较好的土质，最适宜的生长湿度是25℃～30℃。

如家中养植猪笼草，一可以起到观赏的作用，二可以捕食家中蚊子、苍蝇。如能捕食到虫子，不必施肥，如捕不到虫子，则须施肥。施肥不须施于土壤中，最好是将肥料水溶解后喷洒在叶面上。

世界体积最大的竹子
——勐混乡竹王

在西双版纳勐海县勐混乡，有一片人工种植的竹林，竹林中有**株高46米，直径36厘米，重450公斤的巨竹**，它是世界上体积最大的竹子王。

据悉，这株世界竹王由人工栽培，生长周期仅为一年。它的发现，为人们研究竹子速长提供了活标本。

勐混乡竹王

世界最珍贵的树种

——华盖木

在云南西畴县法斗林区生长着世界上极为稀少的绝无仅有的华盖木。华盖木起**源于1.4亿年以前，全世界仅此地此一属一种**，非常珍贵，是国家一级保护植物。此树高40米、胸径1.30米，木材为绿色，光泽似玉似丝绢，故人们称为“缎子绿豆树”或“翠玉树”。植物学专家认为它的珍贵程度是中华之冠、盖世之宝，世界第一。

华盖木

亚洲最大的花卉交易市场

——昆明斗南花卉

昆明是世界上有名的春城，四季如春，适宜种置鲜花。为此，有**20多万种花专业户**在云南玉溪、曲靖、楚雄、大理、昆明等地种花为生。云南的鲜花品种有山茶花、报春花、兰花、百合花、玖瑰花、杜梢花、马樱花、满天星、康仍馨、郁金香、驱蚊草、跳舞草等60多个种类，300多个品种。**云南的鲜花年产量约50多亿支**。这些鲜花有65%销往新疆、西藏、青海、黑龙江、北京、上海、福州、海南等全国各省、市、县；有35%销往日本、韩国、加拿大、泰国、新加坡等东南亚国家。

昆明斗南花卉市场，是云南鲜花的集散地，也是亚洲最大的花卉交易市场。这里有110多家全国各地常住采购鲜花销售商。每天有100~200家花农到此交易花卉。**据统计2007年斗南**

斗南花卉

花卉交易鲜花38亿支，年交易金额28亿元人民币；平均日交易鲜花1000多万支（300万吨），日交易额为700多万元人民币。斗南鲜花物美价廉，是中国花价最低的地方，也是中国花卉价格的晴雨表。

昆明四季的鲜花，深受中外游客喜爱，游客在离开云南时都会在昆明花市、昆明机场、昆明火车站买一些鲜花带回家，他们带回的是昆明春城的记忆，是云南人民的友谊。

斗南花卉

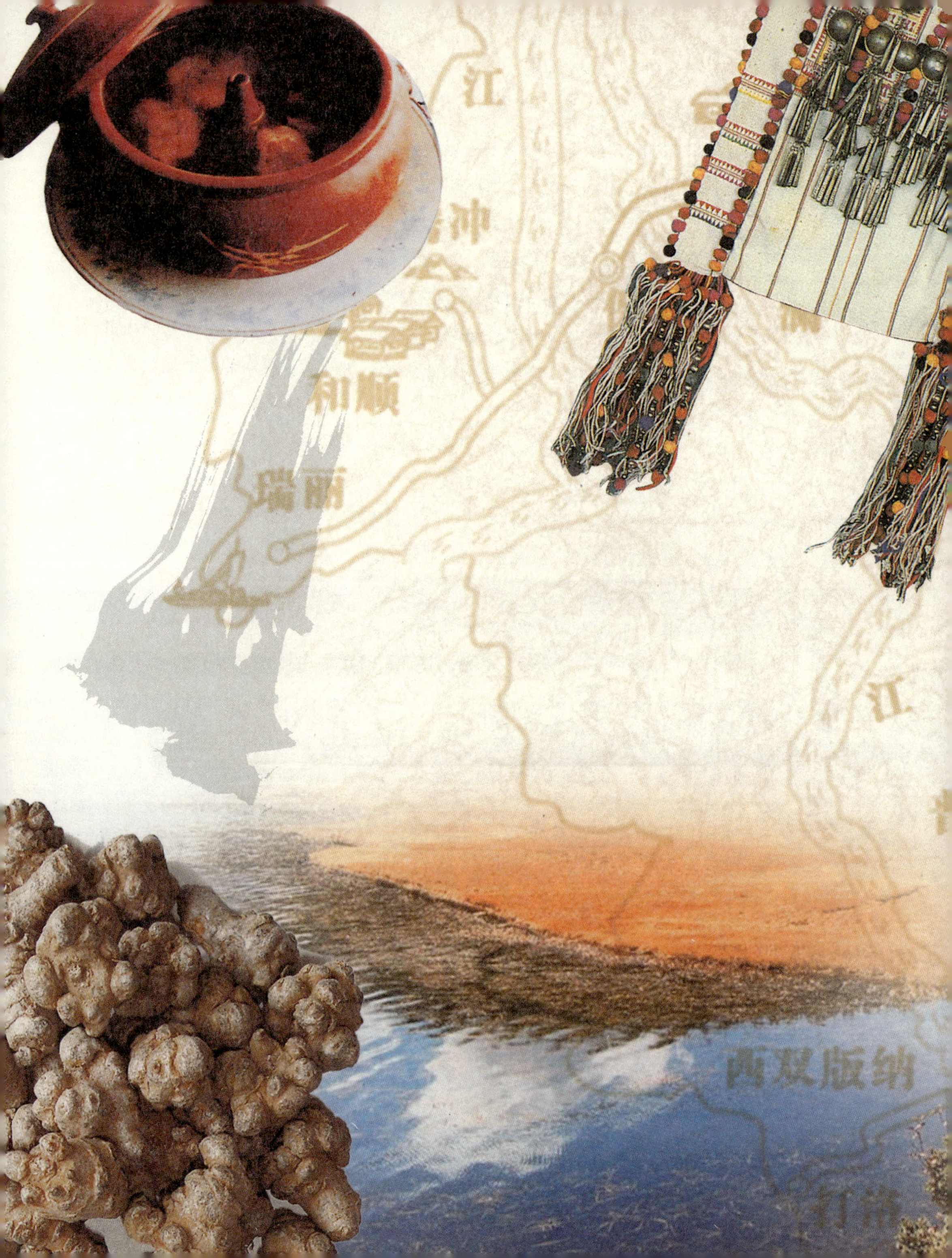
江
和顺
瑞丽
江
西双版纳

旅游消费之最
曲靖
昆明
陆良
楚雄
石林
建水

最有名的高级风味菜

——云南汽锅鸡

汽锅鸡是云南独有的高级风味菜，它的烹制方法特殊，鸡肉细嫩、汤叶鲜美、原汁原味、富于营养，在国内外均享有盛誉。

云南汽锅鸡

早在**清代**乾隆年间，汽锅鸡就在滇南地区民间流传，**距今已有200来年**。滇南地区建水县所产陶器历史悠久，式样古朴、特殊。当地人杨沥利用**建水陶**，独出心裁地研制出特殊的中心有嘴的蒸锅，名曰："汽锅"。烹饪时在汽锅下放一盛满水的汤锅，然后把鸡块放入汽锅内，纯由蒸汽将鸡蒸熟。此**菜汤汁为蒸汽凝成**，保持了原汁原味，肉嫩香，汤清鲜，深得食者赞誉。此后汽锅鸡名传中外，脍炙人口。后来人们又在汽锅鸡中配加云南特产的名贵药材"三七"、"虫草"、"天麻"等，使鸡汤更加味美鲜甜，既增加了营养和医疗作用。又别具风味，发挥了汽锅鸡营养丰富、滋补强身的优点。此后，**三七汽锅鸡、虫草汽锅鸡，天麻汽锅鸡**渐成为云南高级独特的风味滋补名菜。

最著名的风味小吃

——过桥米线

过桥米线是米线中的上品，独具风味，久负盛名。它以用料考究，制作精细，吃法特殊，营养丰富而深受群众喜爱。它是云南食品中最具地方风味的小吃，凡是来到云南的中外人士，无不慕名而至，点名品尝。

过桥米线主要以汤、肉片、米线和佐料做成。汤用肥鸡、猪筒子骨等熬制，以清澈透亮为佳；肉片用鸡脯、猪里脊、肝、腰花、鲜鱼、火腿、鱿鱼等切成；**米线则以细白、有韧性者好**；佐料为豌豆尖、黄牙韭菜（韭菜苔或韭菜）、嫩菠菜、白菜心等用沸水略烫，切为四厘米的长段；再加上葱花、豆芽、豆腐皮、玉兰片等。吃时用高深的瓷大碗一只，放入味精、胡椒面、熟鸡油，然后将滚开的鸡肉汤舀入碗内，汤烫油厚，碗中不冒一丝热气。汤端上桌后，切忌急着品尝，以防被汤烫伤嘴唇和舌尖，先将各种肉片氽入汤中，轻轻搅动就可烫熟；再将米线放入汤内；然后放入各种蔬菜和香菜，再根据各人爱好，加入辣椒油、芝麻油、精盐等便可食用。碗中红、白、黄、绿各种佐料、食物交相辉映，**滋味鲜美**，使人胃口大开。

过桥米线

文化内涵最深的餐厅

——金石印食府

金石印食府位于昆明市北门街67号，翠明圆斜对面。这个食府凭什么说是云南文化内涵最深的食府呢？**理由有五点**：

一是建筑特色具有马帮特色。据考证，昆明市北门街67号的住所是李琢庵于1939年所建。李琢庵的古宅有两层楼，砖木结构，有15间屋子，总面积540平方米，地面、墙面是青砖、屋顶是青瓦，龙头梁柱。木板、门、窗、屏风、桌子、橱柜均用上等木材制作。室内有小桥流水、石拱桥、石缸、石板、天井、石臼，室内外挂满了666盏马灯，是典型的马帮豪宅。

二是金石印食府以前称是北门书屋。上世纪40年代，李公朴、闻一多、楚图南、朱自清、吴晗、张关年等文化名人曾居住于此，并在此创办印刷社，李公朴任社长，张关年任主编，印刷革命刊物，宣讲民主抗战道理，是进步人士交流革命思想的沙龙和平台。

三是有众多名人照片和文物。因为北门书屋是上流社会和进步人士居住和汇集的沙龙，所以留下了很多珍贵的历史照片和文物。主要历史照片有：孙中山、毛泽东、周恩来、蒋介石、宋庆龄、李公朴、闻一多、吴晗、朱自清、楚图南等200多幅老照片，也有一些二次世界大战中滇西抗战的照片。主要的文物有毛泽东回赠张曼金（李公朴夫人）的诗、李公朴用过的酒壶、闻一多用过的煤石灯、张关年戴过的手表等。还有一些马帮生活的马鞍、马龙头、马驼子、干粮、皮酒袋等。

四是文物保护单位。由于北门书屋有以上历史遗迹，被昆明市五华区政府列为区级文物保护单位。由于多年失修。金石印食府的总经理接手经营餐饮后，在文物局的指导下，用旧原料修旧如旧，保持原来的历史风貌。

五是金石印食府的特色菜是马帮菜。马帮走过的路比长征长，比蜀道难；马帮吃过的菜比国宴丰富，比家常菜养身。近

年来普洱茶文化、茶马古道、马帮文化在云南或全国复兴。金石印食府的总经理不辞辛劳，如同当年马锅头一样，率领滇味大厨，驾御着现代的“汗血宝马”，踏上了茶马古道，像追求艺术一样追求、探索、采集和研制马帮菜。

金石印食府经营**马帮菜**有三个特点：

1．餐具独特：有马车形、马鞍形、马驼形、瓢形、犁耙形、货币形等独特形状的餐具器皿。

2．菜肴独特：马帮瓢菜、马背土锅、马帮骄子、马拉秋收、马道脆皮、春种犁耙、火烧竹筛鸡、铁吊锅烧羊肉、三江并流等上百种菜肴独具特色。

3．看老电影：金石印食府的总经理为让食客记住历史，每天开餐时都放一部三四十年代的黑白老电影，食客可自由观看。

4．到金石印食府的食客，坐在文物餐厅里，看着历史人物的照片和文物，听着老电影的声音，吃着独特的马帮菜，你会有无限遐思记忆。每天都有两三百食客到此来感受这种记忆。

金石印食府

房价最高的酒店

——丽江悦榕庄酒店

在云南省丽江市束河古镇悦榕路上有一家悦榕庄酒店，这是一家**超五星级**的酒店，每晚的住宿费为500~2800美元，相当于**人民币3500~19600元**。这是中国房价最高的酒店之一。悦榕庄酒店有什么特色使房价这样昂贵呢？要说特色，总结起来有四点：

一、设计独特

悦榕庄酒店并非高楼大厦，而是**别墅式建筑**。有55栋别墅，其中花园豪华别墅40栋；豪华泳池别墅13栋；双卧室泳池别墅1栋；总统别墅1栋。每栋别墅均为东北朝向，住在任何一栋别墅里都能从窗子看见美丽洁白的玉龙雪山，从房顶看，每间均能看到天上的星星，每个房间都是景观房间。别墅与别墅之间有亭台楼阁、有小桥流水、有绿草树木。总体环境是山境、树境、水境、阁境、屋境相融。进入此境，仿佛进入“东方威尼斯”。由于设计独特，获得2007年亚洲最具影响力设计奖。

二、设施齐全

悦榕庄酒店拥有中西餐厅、咖啡厅、茶室、会议室、图书馆、游戏室、健身房、游泳池、泉水按摩浴池、私人泳池、瑜珈室、网球场、美容室、护疗室、工艺美术室等五星级的全套设施。每套别墅内配有电视机、电热器（空调）、电话机、放影机、上网连接、保险柜、酒吧、饮茶等设施。

三、高档装修

悦榕庄酒店采用当地五彩石、纳西灰砖、松木、柚木等建材兴建。房间内宽敞明亮，装修高档豪华。卧室主色调为金色式红褐色，卫生间浴池用黑色大理石砌成。整体装修豪华而精细，漂亮而典雅。当你身入其境时，能感受到**超五星级酒店的奢华。**

丽江悦榕庄酒店

四、优质服务

优质服务是悦榕酒店最大的特色。客人所住的每一个房间，都有专人的客房管家为你服务。客人住在酒店内，从细微之处能看到服务的人性化，个性化；从真诚之处能看到服务的热情；从周到之处能看到服务的高标准；从舒适之处能感受到王者的享受。自2006年10月开业以来，住过这里的客人，对其服务都有较高的评价。2007年丽江悦榕庄酒店获得中国富豪最青睐的十佳酒店。

悦榕庄酒店由新加坡悦榕集团投资兴建和管理。在云南悦榕集团投资建盖的酒店还有中甸的仁安悦榕庄酒店、澄江的抚仙湖悦椿度假酒店等。

最香的咖啡

——潞江小粒咖啡

小粒咖啡是茜草科咖啡属灌木，高4～7米，适于在年平均气温18℃，冬季无重霜的地区种植。潞江坝国营农场种植2至3年的咖啡，一亩可产咖啡豆100至200公斤。云南小粒咖啡质优味醇，煮泡之时**香气四溢**，在国内外市场享有盛誉，早在20世纪50年代就在伦敦**国际市场**上被评为**一等品**，1990年又获世界金奖。

小粒咖啡于1908年自缅甸引入，现有11个地州的27个县种植。全省适种咖啡土地达65万亩，发展前景广阔。

潞江小粒咖啡

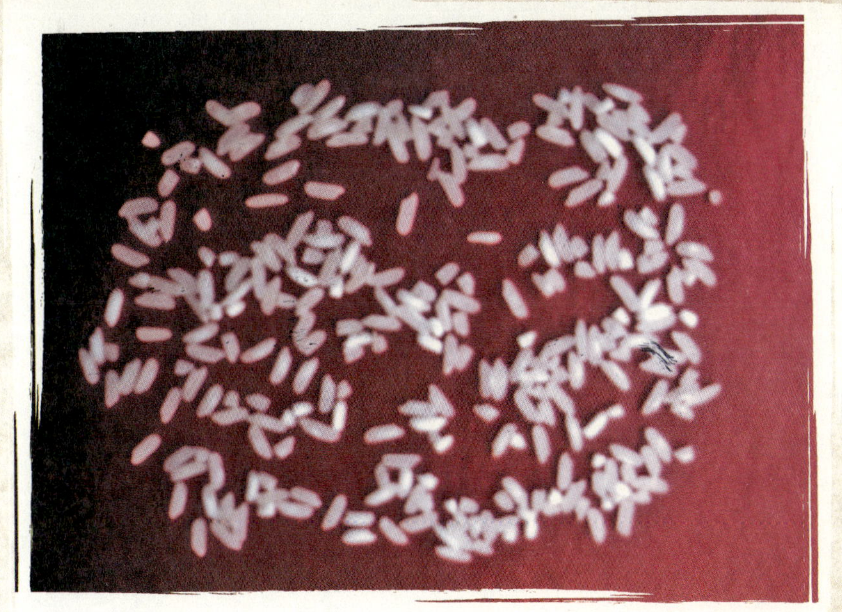

八宝米

最优质的大米

——八宝米、遮放米

八宝米因产于云南广南县的八宝乡而得名。以色泽来分，有**雪白**、**青玉**两个品种，都有**粒大**、**味香**、饭粒软和、富于粘性。**蒸煮时间短**等特点。八宝米属国家上等米，历史上被长期列为贡米。

遮放米产于云南潞西县遮放镇，因此得名。在云南民间有“**芒市谷子遮放米**”的称誉。遮放米雪白鲜亮，粒大而长，清香扑鼻，做出的饭甜、软、香兼备，旧时也是贡米之一。

最有名的梨

——宝珠梨

云南有名的梨是**呈贡宝珠梨、大理雪梨**。宝珠梨与大理雪梨是同物异名。相传宋朝大理国时，大理高僧宝珠到昆明讲经，带来大理雪梨树苗栽于呈贡，后成为云南的名特水果，人们为**纪念宝珠和尚的功劳**，遂取名为“宝珠梨”。宝珠梨**肉质雪白，汁多味甜，细嫩无渣**，是中秋节期间的佳果。元代曾作为贡品运送京都。呈贡宝珠梨最高年产量为800万公斤。

宝珠梨

竹荪

最昂贵的菌

——竹荪

竹荪又名竹笙、竹参、竹荪是寄生在枯竹根部的一种**隐花菌**类，形状略似网状干**白蛇皮**，它有深绿色的菌帽，雪白色圆柱状的菌柄，粉红色的蛋形菌托，在菌柄顶端有一围细致洁白的网状裙从菌盖向下铺开，整个菌体显得**十分俊美**，色彩鲜艳、稀有珍贵，被人们称之为**“真菌之花”、“菌中皇后”**。竹荪营养丰富，香味浓郁，滋味鲜美，自古就列为**“草八珍”**之一。竹荪之鲜，因含有较多的氨基酸，还含有蛋白质、碳水化合物、矿物元素和维生素等营养物质。竹荪有防食物腐败的特殊作用，在炎热的夏季做菜煲汤时。置少许竹荪入内，可防止酸败，并可延长存放时间，它还是食疗佳品。能减少腹壁脂肪；另外还具有镇痛、补气、降低血压的作用。竹荪是我国高档出口土特产品，其价格相当于用**一两黄金换一市斤竹荪**。

由于野竹荪价格昂贵，人们便人工培植了竹荪，这种人工培植的竹荪，质量及价格大大不及野竹荪。现市面销售的竹荪，99%是人工培植的。

最有名的火腿

——宣威火腿

宣威火腿因产于宣威得名。始创于雍正五年（公元1727年），至今已近270年的历史。宣威火腿**色泽鲜艳，红白分明，瘦肉香咸带甜，肥肉香而不腻**，美味可口，营养丰富，为我国传统的珍贵食品，驰名中外，久享盛誉。1915年，宣威火腿参加**巴拿马国**际博览会获**金质奖**。

1923年在广州名特食品比赛会上，孙中山先生题词“饮和食德”；1985年获国家银质奖，畅销国内外。新建的宣威罐头厂生产的火腿罐头深受顾客的欢迎。

宣威火腿是云南著名特产之一，素以风味独特而与浙江金华火腿齐名媲美。由于其蜚声中外，脍炙人口。被称为**“云腿”**。

下图中的大型火腿由350只老火腿精选组合而成，高4米、宽1.6米、厚0.5米、重1.5吨。在2001年10月宣威火腿节上，被世界吉尼斯组织评为“世界第一腿”，并向宣威市政府发了《世界吉尼斯证书》。

宣威火腿

普洱茶

最有名的茶叶
——普洱茶

云南茶叶生产历史悠久，东汉时期已有茶树栽培，大理国时期的普洱县城就是著名的“茶马市场”。普洱茶历史上就大量销往缅甸、泰国、印度，并通过印度的加尔各答转销世界各地。抗日战争以前产量达到19.6万担，到新中国成立前夕产量已发展到24.5万担。经专家考证，现云南有560万亩普洱茶，年产量为20.02万吨，年产值为100多亿人民币。普洱茶的主要品种有**普洱散茶、普洱沱茶、普洱砖茶、七子饼茶**等，历来久负盛名。《红楼梦》中的“女儿茶”就是普洱茶中的一种。**普洱茶远销日本、马来西亚、新加坡、英国、美国、法国、荷兰、德国**等国家，被称为“美容茶”、“减肥茶”、“益寿茶”、“窈窕茶”而倍受欢迎。1989年普洱沱茶荣获第九届世界食品汉白玉金冠奖。

普洱茶的分类主要有普洱生茶、普洱熟茶和普洱红茶三类。类别不同，主要源于加工制作方法不同。近年来，普洱茶研究专家虞凡丁又将普洱茶提炼成普洱茶膏；普洱茶文化研究人胡炳又将普洱茶炼制成普洱茶养颜茶膏、普洱茶壮阳茶膏、普洱茶降脂减肥茶膏。普洱茶膏是普洱茶的精品，20多公斤普洱茶才能提炼出1公斤茶膏，所以茶膏的保健功能作用和价格也是普洱茶的数十倍。尽管价格昂贵，但产品仍供不应求。

2003年后普洱茶越炒越热，全国出现了以喝普洱茶为尊贵、为健康的局面。为使云南普洱茶规范地、高质量地走向国际国内市场，2011年3月在北京成立了中国普洱茶国际评鉴委员会，会长杨孙西（中国茶文化国际交流协会会长），执行会长张宝三（云南普洱茶协会会长）。

最昂贵的野生药材

——冬虫夏草

冬虫夏草又名冬虫草、虫草，产于迪庆高原。它是**菌与虫的共生体**，是由真菌中的一种子囊菌侵染鳞翅目幼虫后，钻入松土，到了第二年夏季，在虫体的前端长出一条棒状的“草”来，伸出地面。每年5月端阳节前后，人们到海拔3000～4000米的高山灌丛或山坡草地挖掘虫草。**虫草味道清香**，含有丰富的**蛋白质、脂肪、虫草酸**和**多种氨基酸**，每千克400000多元。《本草纲目拾遗》中说，虫草“**功能与人参同**”，有保肺、益肾、补精遗、止血、化痰、强身、镇静、降血压的功能。有“人参姐妹”的美称。虫草炖鸡、虫草炖鸭是极好的**滋补品**。现代医学证明，虫草是治疗失眠、咳喘痰多、护心养脑、补肾回春、治肝疾病、愈合伤口、防治肿瘤、降低血糖、降低血脂、平衡阴阳等疾病的极佳药物。

冬虫夏草

最著名的药材
——三七

三七是云南特有的**药用植物**。因其播种后三至七年而采挖以及形态大多为**茎生三枝、枝生七叶**而得名。三七盛产于云南文山壮族苗族自治州，至今已有300多年的栽培历史。

三七的**药用价值很高**。据有关资料及临床应用证明，三七含有10种以上的单体成分，有活血散淤、降低血脂、消除疲劳、预防心血管疾病，治疗咯血、心绞痛、眼出血、消化道出血、**肝癌**等功能，是云南特有的**名贵中药**。

三七

最有名的中成药
——云南白药

云南白药厂生产的云丰牌“云南白药”，以三七等珍贵药材为原料、根据**云南白药创始人曲焕章**的秘方配制而成。可内服外用，有止血愈伤、活血散淤、抗炎消肿、排脓去毒等功效。为增强药效，每瓶还有一颗红色保险子。由于疗效显著，素有“神药”、“仙丹”、“灵芝草”等称，在国内外享有盛誉，是**云南最有名的中成药**。1979年和1984年云南白药两年被评为国优产品，荣获国家金质奖章；1983年获国家外贸部门颁发的荣誉证书。

云南白药

最有名的铜制工艺品
——斑铜工艺品

斑铜烤鸭

云南自古盛产铜，其中，斑铜工艺品尤其惹人喜爱。斑铜制品分为**“生斑”、“熟斑”**两种。生斑即采取天然斑铜矿石加工而成，斑矿罕得，原料不易，产品甚少。熟斑则通过独特的冶炼熔铸加工而成，工艺虽然复杂，但不愁原料，产品较为丰富。其造型或从生活取材：**珍禽异兽，花卉山水，花瓶香炉**，无一不生色发光；或从历史和神话中汲取营养：**仙山琼阁、仙翁玉女，历史名人**，无不栩栩如生。它与锡制工艺品一起，受到国内外旅游者的欢迎。其中，“九龙鼎”斑铜工艺品曾在国际“万国赛会”上获奖。近年来又出现了许多构思巧妙、造型优美、技艺精湛而生动的动物、人物和仿古产品，远销十几个国家和地区。曾有30多种新颖产品参加了赴美展览，深受好评。

斑铜工艺品

最著名的锡制工艺品

——个旧锡制工艺品

著名锡都个旧市生产的**银鸟牌锡制工艺品**，含锡量高而硬度大，**抗氧化能力强**，产品白如银，明如镜。光洁程度、耐磨程度在国际同行业中遥遥领先。现有70多个品种，有精巧玲珑的酒具、食具、笔架、笔筒；有造型浑朴凝重的香炉、蜡台、粉盒、花瓶；有栩栩如生的**飞禽走兽**等。造型和图案均体现了本地风俗和**民族特色**：有象征美满幸福的**游龙戏凤**；表现古朴素雅的流水高山、福寿呈祥的**松鹤延年**；以及清静和谐的**鸟语花香**。此外，还有在锡器上雕刻了石林、龙门、大观楼等名山胜景的各类产品。这些产品，已经销往世界各地。

此锡孔雀是“文革”时期中共云南省委召开第九次党代会时，云南个旧锡都专制给党代会的精制礼品。此礼品为孤品，现流入民间张某先生珍藏。

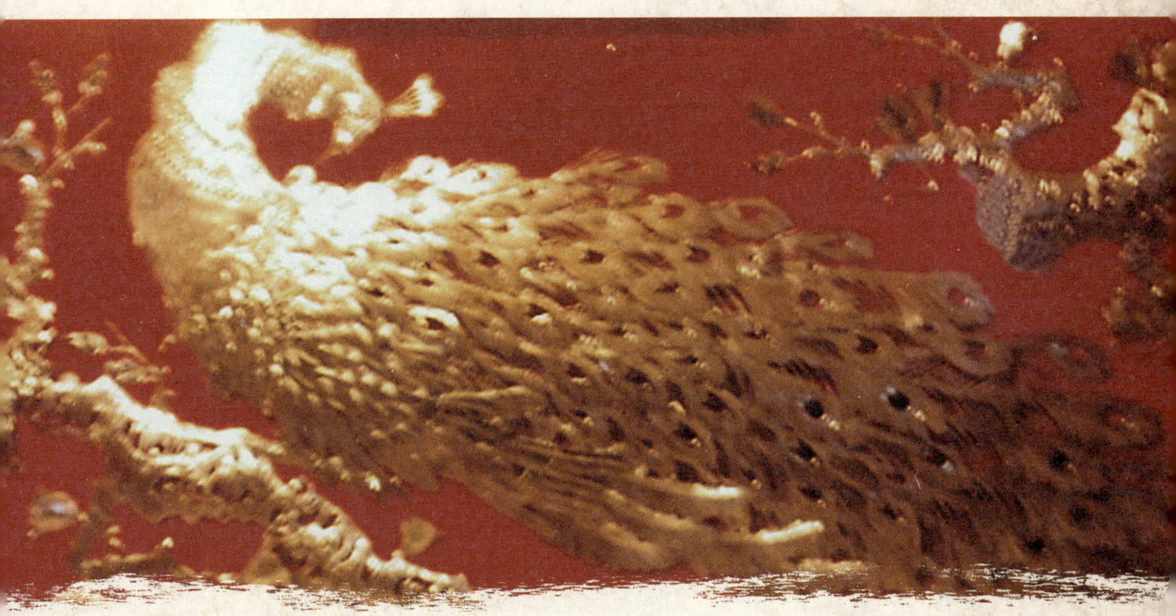

锡孔雀

最有名的石浮雕

——大理石浮雕

大理石浮雕是**白族艺术**充分利用大理石的巧色和彩花的走向，根据“础石”石纹的纹络，以本地**名山胜水、花鸟虫鱼、白族风情**为题材，精雕细凿而成的半立体工艺品。点苍山下制作大理石浮雕的能工巧匠们，从选择毛料开始就匠心独运、“胸有成图”：用云灰石面作苍山洱海风光；汉白玉石面作白族少女的肌体；墨绿石面作装束服饰等。经艺人们的巧手制出的人物花卉，自然天成，栩栩如生，不带斧凿之痕。现在，大理石浮雕以苍山19峰图、白族少女、洱海渔舟、山茶小鸟、风穿牡丹等为人所称道，实为云南省具有**较高水平**的工艺品。

大理石浮雕

永昌棋子

最好的围棋子

——永昌棋子

云南生产围棋子，历史悠久，产地较多。但最优秀的当数**永昌棋子**。永昌（即保山）棋子是驰名全国的**弈棋佳品**。

永昌棋子，沉重扁圆，质地结实，古朴浑厚。**白子洁白似玉**，晶莹可爱；**黑子乌黑带碧**，在阳光照耀下呈墨绿色。这些棋子，色泽柔和，没有眩目耀眼的光芒，适宜于对弈者长时间地观看与思考。永昌棋子造型雅致、着盘铿锵，重扣而不碎，**手抚冬温夏凉**，为弈者平添妙趣。由于“永子”质地优良，早在明代就成为贡品，士大夫们也以“永子”为珍。

永昌棋子的生产，早年从配方、火候到烧制工艺均为少数人家世代秘传，不外授人，后来失传。1974年，后人将原永昌棋子的化学成分作了化验研究，经过反复试验，试制成功，产品深受国内外棋类爱好者的欢迎。现永昌棋子经常被云南省政府作为赠送中外佳宾的礼品。

旅游消费之最

风味食品之最
名贵药材之最
工艺美术之最

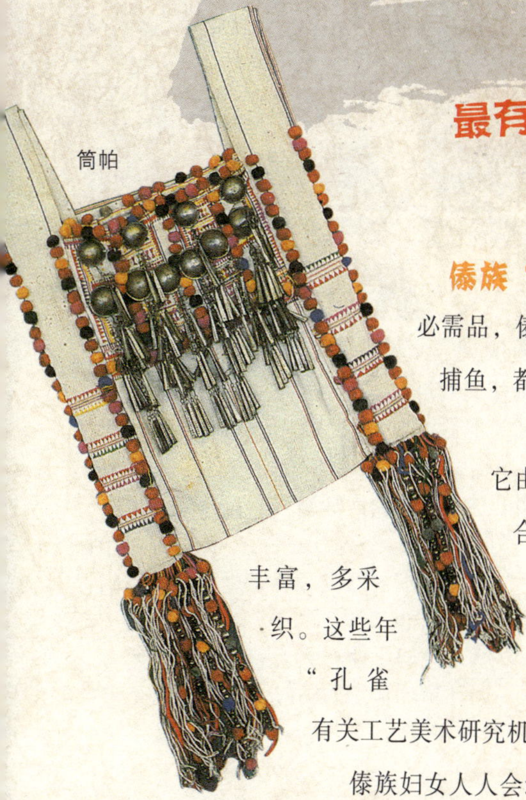

筒帕

最有名的民族手工艺品

——傣族“筒帕”

傣族“筒帕”（挎包），是傣族群众日常生活的必需品，傣族人民不论是进城赶集，还是上山打柴和下河捕鱼，都要随身携带，用它来**装生活用品**。

据记载，“筒帕”已有1000多年的生产历史。它由最初的麻、棉纺织发展到现在的丝、毛、棉混合纺织。“筒帕”**制作十分精致**，筒案极为丰富，多采用动物、花卉、鸟兽和各种几何花纹图案编织。这些年来。“筒帕”工艺有了新的发展。如增加了“孔雀开屏”、“民族团结”等图案。最近，昆明有关工艺美术研究机构又试制出手提式塑料压模“筒帕”。

傣族妇女人人会织“筒帕”，**女孩**长到**八九岁**时，母亲、姐姐和嫂子就开始传授**编织“筒帕”**的技艺，姑娘们都认真地学习和钻研。因为姑娘成年后，与男朋友定情，往往要送男朋友一个自己亲自编织的“筒帕”。“筒帕”编织得好，便显示自己心灵手巧，就会更加博得男朋友的喜爱。

随着人民生活的改善和对外旅游的发展，旅游者对“筒帕”的需求量越来越大，“筒帕”生产随之迅速发展。除农民家庭生产外，西双版纳傣族自治州、德宏傣族景颇族自治州还成立生产合作社集体生产。1983年以来，“筒帕”连续三次被国家轻工部、国家民委、国家经委、国家旅游局评为优秀**旅游纪念品**，荣获景泰蓝奖杯。

最有名的国际画家——徐建德

徐建德绘画

徐建德1954年出生在云南省石屏县，他有一个奇特的经历，那就是17岁时，他在昆明电讯局当电话线架设工，工作性质需要栽电杆、爬电杆、拉电线。有一天当他爬到10多米高的电线杆上时，临近的一根电杆**被大车撞倒**，他爬的这根电杆随之倾倒，一根50厘米长的**铜色线插入他的头部**，他当即昏死去，**一死就是七天**。七天中他的脑没有死，他的思维在穿越人间隧道。这个隧道是生与死的空间，是阴阳的世界，在这个肉眼看不到的世界里，**他见到各种无比奇丽的彩像**，这是活着的人无法见到的影像。七天后他从死亡线上又回到人间，那些奇异的影像已深深铭刻在他的脑海。他对死亡境界的七天体验和所见影像，为他日后的绘画艺术和人类灵魂研究奠定了基石。

徐建德是一个奇才，1978年他以**小学四年级**的学历考入**四川美术学院**国画系，专攻山水、花卉、人物，同时修油画、水彩画。毕业后分到昆明理工大学教书，主讲美学、心理学等十七门专业课。现是昆明理工大学文学院艺术系教授。在教学之余，他对心理学作了深层次的研究，研究人的过去，现在和将来。他对绘画艺术也有较深的研究，既研究中国的国画，又尽毕身精力独创意念画，如今他的意念画已自成一派。

徐教授的意念画是他**死亡幻觉**的产物，他根据十七岁昏死七天的记忆，用回忆幻觉绘制图画。他的意念画有三个特点：

一、神秘性

徐教授的意念画，不是以现实生活中的山水风光和动植物为题材内容，而是根据昏死过程中所见的中阴世界为题材。为此他的画充满了神秘主义，把观画者带入一个全新的世界。人们用异样的眼神看画，只会觉得画好看，但却看不懂其中深奥的秘密。能看懂他画的

徐建德绘画

人，须要对中国道教、佛教、小乘佛教、藏传佛教、少数民族图腾文化有较深研究的人。谁具备了这些知识，谁就能揭示他神秘画的奥谜。

二、图腾性

徐教授追求的是生死之间、阴阳之间一种神秘、精巧、深沉、庄重、和谐的永恒世界。为了反映这种世界，他用似龙非龙、似凤非凤、是人非人的各种图腾形象符号来表示画意。他将人体肢解、分离和重叠，使其抽象表达宇宙的“内在真实”。重彩的图腾符号，创造了一种超现实的装饰绘画艺术，给人耀眼夺目的视觉享受。

三、综合性

徐教授的形象思维能力和创新思维水平超平常人，他的绘画艺术，绘画语言是综合性的。他的画语之个性远远超出了现有绘画所界定的维度，有人说他的画是四维的，他本人说是五维的。不管怎么说，他画中设定是完美的、统一的。多维的艺术表现形式，彰示了他艺术和美学的独特性和深奥性。

徐教授的画从不打草稿，而是在纸上一气合成。每张画都各不相同**无法临摹，无法复制，无法重复**，是标新立异的杰作。可以说他的研究途径和成果，前无古人，后无来者，在世界艺术宝库中，独占一席。他曾被日本、英国、法国、美国等国家邀请画展和讲学，画展震惊世界艺堂，受到各国政府领导人和艺术界人士的赞誉。在美国展出期间，美国电视台、电台、报纸以及《投资与收藏》专刊对他进行了专访报道，评价他的画有非凡的艺术价值、收藏价值、经济价值。并且美国加利佛亚州政府给他颁发了《艺术家证书》，好莱坞市市长在电视台授予他《好莱坞荣誉市民证书》，并赠送他一把金钥匙，这是好莱坞赠送给华人的第一把金钥匙。从此，徐建德成为云南在国际上最著名的画家。国际收藏家以能得到他的画为荣。他的画在美国展出期间，每张3~8万美元被抢购一空。

有人说徐建德是国内开花国外香，为什么会这样叫经？这可能与他的创新意念画的人格有关。他低调做人——不注重宣传自己；大气做事——放开思路研究意念画；严于律已——认认真真搞教学；乐于助人——善待友人。

徐教授的科研艺术成果，现在越来越多地得到了国内各界人士的认同，上海人民美术出版社等多家出版社相继出版他的意念画集。中央电视台（科学教育频道）、江苏卫视、深圳电视台等单位邀他为客座教授。经过电视讲座，他的思想、他的艺术被越来越多的人认可。

旅游交通之最
玉溪
元阳

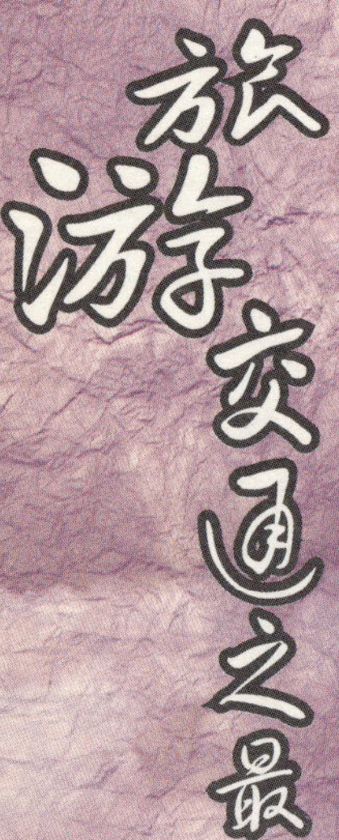

世界最高的桥

——红河大桥

在昆明通往泰国的G213高速公路上，有一段跨越元江（由元江至磨黑）的高速公路长217+187.5大桥为58+182+265+194+70米预应力混凝土连续钢构桥，现被冠名为红河大桥。此桥**长801米，宽20余米**，桥的最大**跨径265米**（是中国第二大跨径桥），桥面**距江面高度163米**（墩高123米），是迄今同类同型桥梁中的世界第一高桥。

云南人在地质地形复杂的元江两岸构建此桥。这标志着云南公路桥建筑水平已居身于世界先进行列，这一世界创举，是云南人的骄傲。

红河大桥

树冠天桥

世界最高的树冠天桥

——勐腊树冠天桥

世界上的树冠走廊高度一般都在20米以下，但在云南勐腊县城东北方向19公里处的望天树林区，却架着一座**高36米**，宽约40厘米，**长513米**的树冠走廊天桥。经美国生态学专家毛尔考证，这是当今世界上最高的树冠天桥。

勐腊望天树林区，是云南最高的树林地段，架设在这树冠上的天桥，由钢丝绳和尼龙绳网织成，再铺上木板，当你踏上这**摇摇晃晃**的空中走廊时，**惊、奇、险**的感受让你感到刺激和胆颤。但当你停下脚步慢慢定下神来往前看时，你的头顶是蓝天，脚下是原始森林的绿海，再细细往森林中观察，你会见到野象、野猪、绿孔雀等野生动物，此时此景，你会觉得你高于自然又融于自然。

2011年4月1日，勐腊树冠天桥被国家旅游局定为4A级景区。

修建最早的高等级公路

——安石公路

1990年12月29日，**云南省**建成了**第一条**由安宁县城至石林的**高等级公路**。这条公路分两段：安宁至大石坝一段为国家一级公路，宽32米；大石坝至石林一段为国家二级公路，宽24米，两段公路总长为120公里，属国道320、324线。这是云南省修建最早的国家一二级公路。此公路的建成**提高**了昆明至石林的**车速**，**节省**了旅程**时间**，加速了旅游事业的发展。

最长的公路桥

——拉户练大桥

拉户练大桥位于盈江县拉户练渡口处。1963年，为过江方便，这里建架了一座全长为**297米的木排架桥**，但载重量低，且常受洪水威胁。1974年11月，配合国防公路建设，拉户练大桥改建为17孔（每孔跨径21.6米）钢筋混凝土板式结构梁桥，于1976年3月正式通车。大桥全长371.4米，桥面宽9.5米，是云南省当时最长的公路桥。

规模最大艺术价值最高的石拱桥

——双龙桥

建水城西三里泸江河上的双龙桥，**始建于清乾隆年间**，当时只建成三孔，道光初年又续建十四孔，与原建三孔“雁齿蝉联”，故又名十七孔桥。桥上建有亭阁三座，层檐重叠，檐角交错，是一座**三亭阁十七孔大石拱桥**。桥长148米，宽3~5米，雄伟壮丽，如长虹卧波。双龙桥是云南古桥梁中规模最大、艺术价值最高的一座多孔连拱桥，它融桥梁建筑科学与造型艺术为一体，是我国古桥梁中的佳作，在我国古桥梁史上占有重要地位。

双龙桥

世界最早的铁索桥

——霁虹桥

在保山市以东50公里处的隆阳区水寨乡平坡村澜沧江畔，在古老的博南古道兰津渡口上，有一座明成化十一年（公元1475年）修建的霁虹铁索桥。此桥用**铁链连接**，其长约106米，宽3.5米，高10多米，跨径为60米，所用铁链15根，绞链176扣，铁链环扣每扣长一市尺，重七八市斤，铁链重量约20余吨。桥面铺垫横直两层木板通行。在古代，此桥是“蜀身毒道”的要冲，是我国与缅甸、印度乃至西亚交流的重要通道。

桥东岸建有雄伟的御书楼，悬挂着清**康熙**皇帝的手书**“飞虹彼岸”**的**金匾**。其旁有武侯祠，曾塑有**诸葛亮**的烫金铜像。桥西岸建有观音阁。此桥已有530多年的历史，据有关桥史专家考证，**这是世界最早的铁索桥**，为此有世界桥史，始于霁虹的传说。

霁虹桥地形险要，桥两端上空是1000多米的高山，桥底是10多米深而且水流很急的澜沧江。五百多年前的科技，能建成此铁索桥已是世界创举。据桥旁平坡村村史记录，此桥由**法国工程师设计**绘图，由中国政府出资兴建。此桥原定名为铁索桥，因建桥完工开通庆典之日，来了很多政府官员，在庆典时，整个铁索桥木板上铺满了彩虹，为此官员们将其命名为霁虹桥。霁虹桥是茶马古道和古丝绸之路的必经之路。每天路经此桥的马帮或人员均有数千人。**政府在桥两端分别建有两座关楼用于收取过路费，这是世界最早的过路收费站。**

在桥西岸的悬岩上，有杨升庵、张含、张学庠、孙人龙、汪如祥、顾纯、担当和尚等名家的摩崖石刻。其内容有：“天堑”、“人力所通”、“霁虹桥”、“西南第一桥”、“天上星桥”、“要塞天成”、“悬崖奇渡”、“天南锁阴”’“沧江飞虹”。除题词外还有诗词、楹联。字体隶、草、楷各体均备。它既是历史、文学、书法的宝库，又为山川增添了光彩，对了解兰津古渡的历史演变有重要价值。据专家考证，这是**云南最大的摩崖石刻群**。

1983年1月，云南省人民政府公布霁虹桥为重点文物保护单位。

可惜的是1986年10月20日，江水大涨，桥头关楼被毁，铁索落入江中，历代修桥碑记和桥头古树荡然无存。但仍有不少游人慕名至此。

为了发展电力事业，2009年政府建起了小湾发电站。古霁虹桥海拔高1168米，2009年8月小湾电站蓄水后水面海拔高达1241米。这样，千

霁虹桥

古传奇的霁虹桥遗址及其云南最大的摩崖石刻群就被水淹没了。

为了方便生活在这里的人们过江，2007年1月15日，政府在霁虹桥上游100米处建成了一座跨柔性钢悬索桥，桥长199.34米，桥面净宽5米，限载20吨（单车道）。这座新的霁虹桥，比古霁虹桥高出110余米，不会被水淹。新桥建成后，出现了人车桥上走，船在水上行的景相。

古霁虹桥在世界建桥史上有重要的历史地位。为了让后人能看到这座古桥，政府决定移此原型复建霁虹桥，计划在2012年建成.

最惊险的桥

——溜索桥

怒江在云南省内长547公里，沿江两岸3000至5000米高山连延耸立，形成世界上最长最深的峡谷。生活在这深沟峭壁两岸的怒族，傈僳族、佤族、独龙族等少数民族，为了互相交往和生活的方便，千百年来沿江架设了数以百计的石头桥、水泥桥、钢桥、竹桥、独木桥、吊桥、网护吊桥、溜索桥等名式各样的桥，甚称**世界桥的博物馆**。在这众多的桥中，最为惊险的是溜索桥。溜索桥的制做方法是用竹篾编扭成很长的篾绳，作为溜索架设在怒江上空，然后在溜索上挂上溜板，人们紧紧抓住溜板，便能滑向对岸。**把又粗又长的溜索送向对岸采用两种方法**：一是**把溜索抛在江水转弯处拉直**，对岸的人接住端节。另一种是用黄麻搓成很长的细绳拴在箭上用**强弩射向对岸**，然后把溜索拉向对岸。

在云南最险的溜索当数德钦县佛山乡溜筒村的溜索。溜筒村以溜索渡人为生而得名。村中男人以运送马帮过江为生，女人以贩卖饲草为生。在村西方向有条水流很急且很深的澜沧江，江对岸是西藏，这是古云

南通往西藏唯一的通道，又称进藏金钥匙。每年四月有很多马帮云集于此排队过江。这里山高路险水流急，是茶马古道著名的险峻路段，听80多岁的马帮老人说：“马帮路过此溜索桥时，人马都会心寒流泪”。因为路险水深，溜索村人便在江上用竹篾编成手腕粗的篾绳横固在江上，渡江时，**将人和马用绳索绑在一块竹子做成的凹板上**，再将溜索卡进凹板内，竹板就变成了可带着人或马过江的溜板。这种溜板，可能就是**世界上最早的空中缆车了**。在以马帮为主要运力的年代，一条溜索每天要运送600多匹马过江，用此方法过江，有时会出现溜板侧翻坠入江中。一旦这样，人和马很难活着上来。

新中国成立后，在不便架桥的怒江上空，政府拨款用钢绳取代了溜索，这样，人们就不必担心溜索会断了。不过，在钢绳上滑渡怒江，还是需要有一定的胆量和技巧。

溜索桥

最古老的道路

——五尺道

云南最古老的道路，最初应为部落与部落之间的通道。后来随着生产力的发展和经济文化交流的频繁，地区之间的道路也产生了。云南历史上最著名的作为交通线路的道路是“五尺道”和“南夷道”。

公元前246年，秦始皇从修筑道路入手开发和治理云南。蜀郡太守李冰在川滇交界的焳道（今四川宜宾）地区开山凿崖，修筑通往滇东北地区的道路。秦始皇统一中国后，又派遣常安页继续修筑这条道路，常安页把李冰在道修筑的道路向前延伸，从今四川宜宾一直修到今天的曲靖附近。由于**道路宽仅五尺**，故史称“五尺道”。这条道路尽管狭窄，却和秦始皇在全国其他地区兴修的宽达五十步的“驰道”具有同等重要的意义。“五尺道”的开壁，不仅有利于巩固统一和加强中央集权，而且使云南各部落与内地的经济文化联系更加密切。在豆沙关五尺道对面数百米高的悬崖上，有2000多年的悬棺葬。

豆沙关五尺道

最古老的国际通道——蜀身毒道

此道即为西南丝绸之路，早在**2000年前**的西汉时期就已开发。从今四川起始，经**云南的昭通**、曲靖、大理，从保山地区出境入缅甸、泰国，到达印度、**阿拉伯半岛**。**保山**是这条古道的**商业重镇**。这条国际商道比西北的丝绸之路还要早几百年。

蜀身毒道

修筑最早的国际铁路

——昆明至河内的米轨铁路

云南境内历史上的第一条铁路是昆明至越南河内的米轨铁路，也是云南**第一条国际铁路**。1898年4月，**法国**经五年左右的勘测、设计和准备，于1903年开工，1910年建成通车，全长464.2公里，总投资16550万法郎。据考证，当时修建此铁路非常艰苦，为修此铁路，死去的各种劳工达5万多人。

米轨铁路

水富港

最大的内河航运港口

——水富港

据《盐津县志》记载，从**盐津**以东至**水富**县滚坎坝的航道，古称石门江即横江，约100多公里，可供木船行驶。古代转运“京铜”和盐，皆由这里启运。现在，从水富港口起航，沿金沙江而下，由长江直抵上海，全程长2900公里，是我省最长的一条内河航线。水富港是我省物资**出滇**的**北大门**。1989年，长江上游、金沙江下游最大的港务楼——水富港务大楼建成，面积为5467平方米，高10层，雄伟壮观，与水富港相配套。楼内功能齐全，设有售票厅、候船厅、办公厅、舞厅、餐厅、招待所；导航通信设备齐全，无线电通信可与全国各地联络。

最长的国际水运航道

——云泰航道

云南西双版纳澜沧江——湄公河经过**中国、老挝、缅甸、泰国**四国的水运航线于1991年8月开通，全长340公里，这是云南最长的国际水运航道。从西双版纳顺水而行至泰国清盛，约需10小时，逆行约需20小时。自开通以来，西双版纳州、思茅地区等已先后派出边贸客货运船只上千个航次，首次出现了**跨国船队**。进入我国的老挝、缅甸、泰国船舶也达上千次。

云泰水运国际航道的开通，运送了大量的游客和30来万吨物资，不仅提高了云南的旅游交通功能，而且大大促进了云南和东南亚国家的经济交流。

云泰水航

修建最早的机场

——巫家坝机场

1922年，云贵总督**唐继尧**招聘广东人刘沛泉、王狄山、张子璇等航空人员来昆明，并在香港向美国人买了**两架飞机**，组成了航空处，辟巫家坝**陆军操场**为飞机场。1942年2月，日军侵入云南，滇缅公路被切断，进口物资只能靠中印**驼峰航线**空运，同年5月17日，“昆明空运站”正式在巫家坝成立，6月，“中国航空公司”开始抽调6架飞机，增设专线，参加美国陆军空运总队，运输我国急需的军用物资。随后又开辟了牛街、呈贡、沾益、云南驿等机场做空运物资转运工作。1950年以来，巫家坝机场先后开辟了昆明至北京、上海、广州、成都、重庆、西安、长沙、桂林、南宁、贵阳和昭通、思茅、保山等省内外航线以及昆明至香港、仰光、曼谷的国际航线。现在，巫家坝机场已成为西南航空的重要进出口通道，**客运量居全国第八位**。

巫家坝机场

开通最早的国际航线

——昆明至缅甸仰光航线

1956年4月10日，昆明——曼德勒——仰光的中缅国际航线开航。这是云南省最早的国际航线，也是中国较早的国际航线。在20世纪五六十年代，中国较少与世界各国有航线相通。昆明——仰光航线成为当时对外交往的主要国际航线之一。

最长的国际航线

——昆明至迪拜航线

昆明直达迪拜的航线，全长约4800公里，2010年2月22日首航，是云南通往国外最长的直达航线，每周开3个航班，机型为B767-300型（260座）。

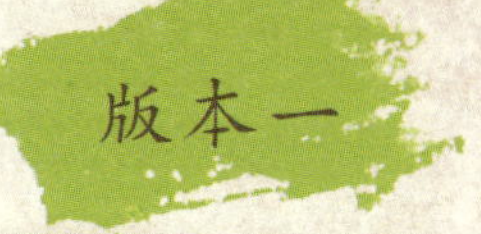

1. 四季鲜花开不败
2. 四季衣服同穿戴
3. 东边下雨西边晒
4. 火车不通国内通国外（指20世纪30年代）
5. 汽车比火车快（指30年代）
6. 种田能手多老太
7. 姑娘叫老太
8. 背着娃娃谈恋爱
9. 粑粑叫饵块
10. 青菜叫苦菜
11. 草帽当锅盖
12. 蚕豆数着卖
13. 鸡蛋拴着卖
14. 三个蚊子一碟菜
15. 牛粪粑粑墙上盖
16. 竹筒当烟袋
17. 鞋子后边多一块
18. 屋檐下面摆寿材

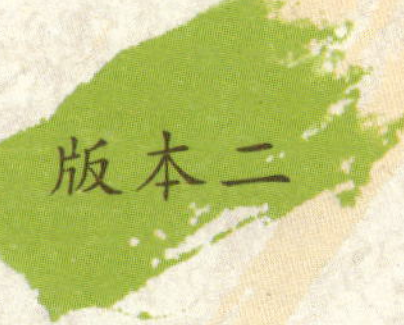

1. 花花草草拌凉菜
2. 阁楼偏要悬起盖
3. 竹筒当做水烟袋
4. 骨头埋进头发辫
5. 草帽当锅盖
6. 鸡蛋捆着卖
7. 粑粑喊饵块
8. 青菜叫苦菜
9. 水果也能办大菜
10. 见着姑娘喊老太
11. 婚姻不遂绊红线
12. 男人赶出家门外
13. 竹条当做裤腰带
14. 背着娃娃谈恋爱
15. 三个蚊子一盘菜
16. 虫虫能做下酒菜
17. 火车没有汽车快
18. 吃饭不用碗和筷

版本三

1. 鸡蛋用草串着卖
2. 米饭饼子叫饵块
3. 三只蚊子炒盘菜
4. 石头长到云天外
5. 摘下草帽当锅盖
6. 四季服装同穿戴
7. 种田能手多老太
8. 竹筒能做水烟袋
9. 袖珍小马有能耐
10. 蚂蚱能做下酒菜
11. 常年都出好小菜
12. 茅草畅销海内外
13. 火车没有汽车快
14. 娃娃出门男人带
15. 好烟见抽不见卖
16. 溶洞能跟仙境赛
17. 过桥米线人人爱
18. 四季鲜花开不败

版本四

1. 四季鲜花开不败
2. 石头长在云天外
3. 蚂蚱能做下酒菜
4. 四只老鼠一麻袋
5. 背着娃娃谈恋爱
6. 竹筒能做水烟袋
7. 鸡蛋用草串着卖
8. 老奶老倌把歌赛
9. 摘下草帽当锅盖
10. 不辣不酸不成菜
11. 米饭粑粑烧饵块
12. 高山湖泊称做海
13. 三只蚊子一盘菜
14. 茅草畅销海内外
15. 青菜叫苦菜
16. 十指当碗筷
17. 过桥米线人人爱
18. 常年都出好瓜菜

云南旅游景区行程价目表（2008年）

汽车：100公里　20元人民币　7.00元人民币=1美元

地区	前往地点	公里数	行程时间			参考票价						备注
			汽车	火车	飞机	汽车		火车		飞机		
			小时	小时	分钟	人民币	美元	人民币	美元	人民币	美元	
昆明及周边地区	昆明至路南石林	85	1	2		30	4	40	5			世界级景区
	昆明至陆良彩色沙林	167	4	4		27	32	10	1.2			省级景区
	昆明至罗平九龙瀑布	274	6	5		50	6	15	2			国家级景区
	昆明至广南县	514	16			77	9					国家级民族风情
	昆明至丘北县	394	10			59	7					省级景区
	昆明至澄江云南虫化石	63	2			15	2					世界级化石
	昆明至通海秀山	143	4			25	3					省级景区
	昆明至建水孔庙	217	55			24	3					国家级文物
	昆明至元阳梯田	331	9			55	6.5					省级景区
	昆明至晋宁石寨山	72	2			12	1.4					国家级文物
滇西北地区	昆明至元谋土林	205	4	3		25	3	16	2			省级景区
	昆明至禄丰恐龙化石	104	2	2		15	2	8	1			世界级化石
	昆明至安宁温泉	44	1	1		7	1	3				省级景区
	昆明至武定狮山	100	3			18	2					省级景区
	昆明至会泽古铜币	268	7			40	4.5					世界级文物

版纳地区	昆明至景洪	688	12		40	200	25			520	63	国家级民族风情
	景洪至丽江	944	24		50	260	28			610	74	世界级古城
	景洪至勐腊县	193	5			29	3.5					国家级景区
	景洪至勐海县	53	2			9	1					国家级景区
	景洪至植物园	100	3			18	2					国家级景区
	景洪到沧源县	413	13			75	9					国家级文物
大理地区	大理至巍宝山	62	2			11	1.3					国家级景区
	大理至剑川石宝山	127	4			22	3					国家级景区
	大理至蝴蝶泉	46	1			8	1					国家级景区
保山地区	昆明至保山市	596	15		40	110	13			440	53	省级景区
	保山至腾冲热海	170	5			34	4					国家级景区
	保山至盈江县榕树王	267	7			52	6					国家级景区
	保山至芒市树包塔	191	5			36	4					省级景区
	昆明至瑞丽市	893	24		40	170	25			530	64	省级景区
丽江地区	昆明至丽江	517	7		40	185	10			420	51	世界名城
	丽江至玉龙雪山	30	1			6	1					国家级景区
	丽江至宁蒗泸沽湖	290	9			58	7					国家级景区
	丽江至长江第一湾	68	2			13	2					省级景区
	丽江至虎跳峡	99	3			18	2					世界级景区
	丽江至万朵茶花	15	1			2	0.5					国家级景区
中甸地区	昆明至中甸	610	11		60	130	15			560	68	世界级景区
	中甸至碧塔海	24	3			60	7					世界级景区
	中甸至白水台	103	4			25	3					世界级景区
	中甸至纳帕海	8				7	1					国家级景区
	中甸至太子雪山	190	8			40	5					国家级景区

云南各民族节日一览表

时间		地点	节日名称	民族	内容
1月	藏历一月初一至初五	迪庆、丽江	藏族节	藏族	拜年，献哈达，跳锅庄，喝青稞酒，骑马，射箭
	农历正月初一至初五	西盟、沧源	拉木鼓舞	佤族	拉木鼓，剽牛，跳舞，吃牛肉
	1月10-19日	高黎贡山	卡雀哇	独龙族	祭天神，跳锅庄舞，串门，做客
	农历正月初一至十一日		扩塔节	拉祜族	接新水，跳芦笙舞，狩猎
	1月30日	怒江	祭山林节	怒族	用黑山羊祭祖，歌舞等
	1月26-30日	文山、马关	花山节	苗族	斗牛，摔跤，荡秋千
2月	农历正月十五至十七日	德宏	目脑纵歌	景颇族	吃景颇生态竹筒饭，文艺演出，跳三天目脑纵歌
	2月3-5日	罗平县	油菜花节	汉族、布衣族	文艺演出，物资交流，观万亩油菜花，游多依河风光
	农历二月七至八（3月3-5日）	怒江、腾冲	刀杆节	傈僳族	赛歌，跳舞，下火海，上刀山
3月	农历二月初八	丽江	三朵节	纳西族、白族	祭祀三朵节，赛马，对歌，跳舞，物资交流
	农历三月初三	河口	干巴节	瑶族	围猎，捕鱼，唱歌，聚餐等
	3月21日	师宗	千花会	各族	对山歌，赛摩托，歌舞会，游菌子山、凤凰谷
4月	农历一月十五至十七日（4月13-15日）	西双版纳、德宏	泼水节	傣族	泼水，放高升，赛龙舟，丢包，游曼亭公园
	农历三月十五至二十日	大理	三月街	白族	赛马，赛龙舟，歌舞、物资交流，晚上蝴蝶泉相亲
	4月23日	大理	绕三灵	白族等	大王鞭，跳八角鼓舞
5月	5月1-3日	墨江	国际双胞胎节	世界各族	双胞胎技能展示，歌舞演出
	5月1-3日	沧源	摸你黑节	佤族	剽牛，摸泥黑，歌舞（含佤族宴），篝火晚会
	农历四月初八（5月2日）	富源	牛王节	本地各族	吃牛王粑，给牛喂食
	5月1-6日	石屏各镇	杨梅节	各民族	品杨梅，观花腰歌舞，游状元故居
6月	6月24日	红河、蒙自	苦扎扎节	哈尼族	祭祖，打磨秧，彻夜歌舞狂欢
	6月20-23日	元江	芒果节	本地各族	物资交易
	6月或7月	滇东南	尝新节	苗族	用新米饭祭祖，赛马，斗牛，拨河，跳芦笙舞
7月	7月15日	丽江	骡马会	纳西族	赛马，娱乐，牲畜交易
	7月25日	永宁、宁蒗	女神会	普米族、纳西族	蔡女神，游狮子山等
	农历六月二十四至二十五日	石林、楚雄、大理	火把节	彝族	斗牛，摔跤，打秋千，执火把绕村寨，篝火晚会，相亲
	7月26-29日	红河、文山	斗牛节	苗族	看斗牛表演
		易门	菌子节	本地各族	菌子交易，吃各种山珍
	7月25日至8月25日	丘北	花脸节	彝族	观荷，划船，打水仗，花脸舞会，相亲
8月	农历七月十四至十六日	双柏	摸奶节	彝族	唱歌，跳舞，戏闹，摸奶，驱鬼
	8月8日	建水	燕窝节	本地各族	观看飞人攀岩采燕窝，歌舞，品尝燕窝
9月	9月20日	蒙自	石榴节	本地各族	采摘、买卖、品尝石榴，歌舞
10月	10月20-26（农历十月第一个属龙日）	元阳、红河	长街宴	哈尼族	看梯田风光，观哈尼族歌舞，品长街宴风味
11月	11月18日	石屏	花腰歌舞节	本地各族	品豆腐宴，游万亩柑桔园，观花腰歌舞
12月	12月25日	江川	捕鱼节	汉族	观捕鱼，赶鱼市，品尝大头鱼、抗浪鱼等鱼

图书在版编目（CIP）数据

云南旅游之最/牛崇荣著.—修订版.—昆明：云南人民出版社，2009（2013.3重印）

ISBN 978-7-222-02498-4

Ⅰ.云… Ⅱ.牛… Ⅲ.旅游指南－云南省 Ⅳ.K928.974

中国版本图书馆CIP数据核字(2009)第013657号

责任编辑：段兴民　陶汝昌
责任印制：段金华
责任校对：赵　红
封面设计：陶汝昌
摄　　影：牛崇荣　牛　犇　刘仕鸿　徐志辉
　　　　　龙勇诚　张景明　马理文　武全安
　　　　　张云才　张朝媛　徐建德
电脑制作：李云飞

书　名	云南旅游之最（修订版）
作　者	牛崇荣　著
出　版	云南出版集团公司　云南人民出版社
发　行	云南人民出版社
社　址	昆明市环城西路609号
邮　编	650034
网　址	www.ynpph.com.cn
E-mail	rmszbs@public.km.yn.cn
开　本	850×1168　1/24
印　张	$11\frac{1}{3}$
字　数	150千
版　次	2010年第2版　2013年3月第5次印刷
印　刷	云南省玉溪印刷有限责任公司
书　号	ISBN 978-7-222-02498-4
定　价	39.80元